상상력과 가스통 바슐라르

차례
Contents

가스통 바슐라르, 20세기의 코페르니쿠스

바슐라르(1884~1962)는 세계를 보는 새로운 눈을 제시한 사람이다. 그는 모두가 천동설을 믿어 의심치 않던 시절에 지동설을 주장했던 코페르니쿠스에 비견할 만하다. 생각해 보라. 지동설은 단순히 "지구는 태양계 속의 한 행성에 불과하고 태양의 중력권 안에서 주기적인 궤도를 따라 돈다."라는 단순한 과학적 발견의 주장이 아니다. 그것은 그때까지 쌓아온 인류의 문명을 뿌리서부터 뒤엎는 사건이었다.

중세시대까지의 서구의 세계는 천지를 창조한 신의 질서에 따라 모든 것이 조화롭게 돌아가고 있던 세계였다. 당시의 지배계층이었던 교회는 물론이고, 일반 백성들도 하나님이 만드신 세계의 원리에 추호의 의구심을 갖지 않았었다. 천동설은 나름의 질서를 가지고 세계의 구성 원리를 이루며 인류의 문명을 구축해 온 것이다. 이렇듯 세상의 모든 질서가 지구를 중심으로 한 천동설에 맞춰서 돌아가고 있는 상황에서 지동설을 주장한다는 것은 그때까지 인간이 이룩한 모든 문명을 송두리째 부정한다는 것을 의미한다. 그것은 마치 백 층짜리 건물을 짓고 있는데 기초공사가 잘못되었으니 이미 올라간 수십 층을 다 허물고 다시 시작해야 한다는 것과 같다. 사정이 그러할 때 비록 지동설이 과학적 진리라 할지라도, 자신이 속한 세계의 근본원리를 근원부터 뒤집어놓을 엄청난 사실을 마주하였을 때 갖게 될 엄청난 중압감을 이겨낼 사람이 과연 얼마나 될 수 있을까? 그러한 의미에서 바슐라르는 20세기의 코페르니쿠스라 할 만하다. 그는 이성을 기반으로 한 서구문명의 객관적 과학의 세계에서, 이미지와 상상력을 기반으로 한 주관적 상상력의 세계가 우위에 있음을 주장한 사람이다. 포스트모더니즘 철학자로 널리 알려진 미셸 푸코는 바슐라르 탄생 백주년을 기념하는 한 인터뷰에서 "나는 바슐라르를 대할 때마다 경탄을 금할 수 없다. 그는 자신이 딛고 있는 문명을 정면으로 부인한 사람이다. 그는 서구 인식 전체에 대해 덫을 놓은 사람이다."라고 말했다.

오늘날까지의 서구 문명은 오직 이성에 기반을 둔 객관적 사실만이 인류의 발전에 기여할 수 있다는 사고방식, 즉 합리주의적 사고방식에 의해 이루어져 왔다. 자신이 명확하게 이해할 수 있는 것만을 진리로 인정하는 합리주의는 물질문명을

발전시키는 데는 큰 공
헌을 하였지만, 그 반
대 측면에 있어서는 많
은 손실을 가져왔다. 즉,
합리주의의 발달은 인
간 이성 이외의 가치들,
다시 말해 인간의 상상
력이나 감성과 같이 인
간의 행복과 직접 관련
이 있는 요소들을 비합
리적이라는 명목 하에
문화의 전면에서 몰아
낸 것이다.

몽상의 달인 바슐라르의 1950년대 사진.

　그 결과 비합리적인 요소들은 자신들의 정당한 자리를 내
어준 채로 합리적 이성의 방해물로 취급받기에 이르렀다. 인
류는 오랜 시간 동안 이미지나 상상력을 인간의 정신활동 중
에서 가장 무익한 것으로, 더 나아가 적극적으로 피하고 제거
해야 할 것으로 생각해 왔다.

　서구 철학사에 있어서 이미지에 대한 연구는 오랜 뿌리를
가지고 있지만, 대부분 감각적 이미지의 현상, 그것도 주로 시
각적 이미지에 대한 것이었다. 그것도 언제나 이성을 가리는
방해물로서의 이미지에 대한 연구였지, 이미지 자체에 대한
연구는 아니었다. 즉, 이미지는 인류의 등장과 함께 시작된 오

랜 역사를 가지고 있음에도 불구하고, 핵심적인 가치가 아니라 언제나 이성과의 대립 과정에 의해서만 평가되는 주변적 가치로서만 인식되었던 것이다.

합리주의가 기반을 하고 있는 뿌리는 이원론적 세계관이다. 전통적으로 이원론에 기초하고 있는 서구 사상사는 플라톤 이래로 이 이원론을 진실을 추구하는 유일한 방법론으로 자리매김하면서 궁극적으로 이원론적 변증법으로 발달시켰다. 이원론적 변증법의 원칙은 기본적으로 제3자 배제의 원칙에 있다. 이것은 제3의 해결책을 배제시키는 양분 논리, 즉 모든 것을 절대 참 아니면 절대 거짓으로 양분하는 해결책이다. 단적으로 말해, 서구 사상사에서 인간의 정신에 적용된 이원론의 두 축은 이성과 감성이었다. 그것은 참의 세계와 거짓의 세계를 대표하는 두 요소로 구분된 이원론이다. 즉, 진리와 선으로서의 이성과, 거짓과 오류의 원천으로서의 감성의 양분인 것이다.

여기에서 참을 대표하는 이성은 사실 모든 것을 판단하는 기준이다. 이성과 감성의 이분법은 실제로는 이성과 나머지 것들, 즉 이성과 비이성의 양분이었다. 이성으로 설명할 수 없는 것들은 모두 비이성적인 것들, 즉 거짓으로 치부하면서 기피해야 할 것으로 여겨왔다. 이와 같은 문화에서는 자연히 이미지와 상상력은 인정을 받을 수가 없었다. 왜냐하면 이성의 특성은 논리학으로 대변되는 형식논리에 있는데, 이미지나 상상력 같은 것은 그 속성상 형식논리로 정의할 수 없는 것이기 때문이었다.

그 결과 서구 사회에서 상상력은 오랫동안 '거짓과 오류의 원흉'으로 낙인찍히게 된다. 이미지는 현실적인 실체가 아니라 플라톤의 이데아(Idea)처럼 '감추어진 현실'을 왜곡하고 기만하는 허상에 불과한 것이다.

그러나 오늘날 이미지와 상상력의 위상은 그때와는 180도 달라져 있다. 상상력이야말로 오히려 인간이 가지고 있는 가장 원초적 능력이자 소중한 능력이고, 이성의 발달조차도 사실은 상상력의 활동 위에서 이루어지는 것이라는 인식이 널리 퍼지고 있다. 도처에서 상상력의 소산인 창의성과 독창성의 중요성을 강조하고 있다. 이러한 '상상력의 코페르니쿠스적 혁명'을 이룩한 사람이 바로 바슐라르이다. 그는 이미지의 위상을 기존의 이성의 종속물 내지는 방해물로부터 인간 활동의 근원적 원천으로까지 혁신적으로 끌어올림으로써, 이미지와 상상력 연구에 있어서 '코페르니쿠스적 혁명'을 이룩한 것이다.

그의 업적은 20세기 중반의 문학비평을 시작으로 해서 거의 전 인문학 분야로 퍼져 나가고 있다. 바슐라르가 이미지와 상상력의 세계를 연구하면서 우리에게 알려준 것은 현실의 세계와 꿈의 세계를 연결하는 것은 우리들의 감성이고, 이 감성의 세계가 우리가 막연하게 짐작해 왔던 것보다는 훨씬 구체적으로 인간의 삶에 있어서 결정적인 작용을 한다는 사실이다. 이 감성의 세계는 이미지와 상상력에 의해 만들어진 세계, 후에 그의 제자 질베르 뒤랑이 '상상계(l'imaginaire)'라 부른 세계다.

질베르 뒤랑은 이미지와 상상력의 범위를 인간의 모든 정신 활동을 대상으로 하는 '상상계의 인류학'을 구성하는 것을 목표로 하여 상상력 연구의 범위를 무한대로 확장시켰다. 그 결과 상상력과 이미지로 이루어져 있는 상상계야말로 진정한 인간

바슐라르를 '우리들의 소크라테스'라
칭하기도 했던 질베르 뒤랑.

행동 양식의 원동력이라는 새로운 평가와 인식이 나타나기 시작한 것이다.

오늘 우리는 세계의 도처에서 이미지들의 범람을 목격한다. 문제는 이렇게 우리가 매일 매일의 삶 속에서 이미지를 호흡하며 살고 있으면서도, 이미지의 힘을 의식하지 못하고 있다는데 있다. 이미지가 가지고 있는 힘은 현대 사회에 있어서 갈수록 커지고 있다.

도대체 이미지와 상상력이란 무엇일까? 어떻게 하면 이미지와 상상력을 정확히 알고 그것들을 우리의 삶에 있어서 근원적인 힘으로 활용할 수 있을까? 바슐라르는 끊임없이 우리에게 이러한 질문들을 던지고 있다.

인간 바슐라르

    바슐라르의 인간적 삶은 감동적이다. 그가 세계적인 철학자가 되어서가 아니라, 한 인간으로 삶의 불행을 끊임없이 겪으면서도 언제나 절망이 아닌 새로운 희망을 찾아나간다는 점에서 그러하다. 그에게 있어서 삶의 불행과 고난은 언제나 함께하는 오래된 친구와 같은 것이었고, 그에게 희망을 주는 책의 세계는 언제나 신선한 연인과도 같은 것이었다.

    가스통 루이 피에르 바슐라르는 1884년 6월 27일 프랑스 동북부의 샹파뉴 지방에 있는 바르-쉬르-오브라는 작은 도시에서 태어났다. 형제로는 네 살 터울인 남동생 조르쥬 바슐라르가 있었다. 그의 할아버지는 구두 수선공이었고, 아버지 역시 가업을 이어받아 구두 수선을 했다.

우편엽서에 나온 바슐라르 생가.
왼편에서 두 번째 상점이 바슐라르 어머니가 운영하던 담배 가게이다.

바슐라르가 어렸을 때인 19세기 말은 산업혁명으로 인해 프랑스가 급속도로 산업화의 길을 걷던 때였다. 당시의 제화 산업의 발달로 인해 아버지의 구두 수선업이 어려움을 겪게 되자 어머니 마리 루이 필로멘느는 담배 가게를 운영했다. 그의 유년기 때의 가정 형편이 넉넉하지 않았음을 어렵지 않게 짐작할 수 있다.

그러나 바슐라르는 유년기를 화목한 가정의 분위기에서 보냈던 것 같다. 그의 저서에 자주 등장하는 어린 시절의 추억들은 언제나 행복에 가득 찬 긍정적인 이미지들로 이루어져 있다.

"나는 계곡이 많은 샹파뉴 지방의 한 모퉁이에 있는, 수 많은 작은 골짜기들로 인해서 발라쥬라 이름 붙여진, 시냇

물과 강들의 나라에서 태어났다. 내게 있어서 가장 아름다
운 장소는 골짜기의 움푹 패인 곳이나, 맑게 흐르는 물가,
버드나무들의 짧은 그늘들이었다. 그리고 시월이 되어 강
위에 안개가 낄 때……."(『물과 꿈』)

1896년 10월 3일 바슐라르는 바르-쉬르-오브 중학교에 입
학하게 된다(이 학교는 지금은 가스통 바슐라르 중학교로 이름을
바꾸었다.). 그는 매년 우수상을 탈 정도로 우수한 학생이었다.
당시의 중학교 동료였던 루이 르장드르의 회고를 보면 그가
매우 평범한 학생이었음을 짐작하게 한다.

  "바슐라르는 초등학생들이 입는 아주 긴 멜빵바지를 입
 은 작고 통통한 학생이었어요. 아주 숱이 많은 검은 머리와
 그 머리만큼이나 검은, 상대방을 투시하는 듯한 두 눈을 가
 진 아이였죠. 우리 상급생들은 그를 '꼬마 바슐라르'라고 부
 르곤 했어요. 오늘날 그 꼬마아이는 삶의 주변에서 꿈꾸고
 사색하는 위대한 철학자이자 시인이 되었죠."

바슐라르는 중학교 시절에 학교 축구팀의 선수였고, 학교
오케스트라에서 바이올린 주자였다. 그는 모든 것에 호기심이
강한 아이였고 집에서는 어머니에게 밀가루 반죽과 잼을 만드
는 비법을 배웠다. 그는 주위 사람에게 항상 질문을 던졌지만
언제나 돌아오는 답변들에 대해서 만족을 하지는 못했다. 이때

의 호기심 어린 동심은 나중에 그의 저서에도 그대로 나타난다.

"샹파뉴 출신의 훌륭한 작가인 트로아의 그로슬레는 자기 할머니는 어린아이였던 자신이 던진 질문에 대답할 말을 찾지 못하면 '저리 가라, 가. 네가 크면 사물함 안에는 정말로 많은 것들이 있다는 것을 알게 될게다'라고 대답하곤 했다고 말한다. 그러나 우리들의 사물함은 진실로 가득 차 있었을까? 그것은 차라리 우리의 내밀성의 증거들을 지니지 못하는 물건들로 넘쳐나는 것은 아니었을까?"(『몽상의 시학』)

바르-쉬르-오브는 도시라고는 하지만 인구 몇천 명 정도의 지방 도시였기 때문에 전형적인 프랑스 전원마을이었다. 바슐라르는 마을을 관통해서 지나가는 오브 강을 따라서 끝없이 걷기를 좋아했다. 마을에서 잠시만 벗어나면 끝없이 펼쳐지는 구릉 지대들은 그에게 있어서는 경탄의 대상이었고, 놀이터였고 휴식의 공간이었다. 그는 가끔 수업시간 중에도 들판을 쏘다니는 꿈을 꾸곤 했다.

이렇듯 풍요로운 유년시절을 보낸 바슐라르에게 최초의 좌절이 찾아온 것은 고등학교를 졸업하면서였다. 그는 1902년 고등학교 졸업자격시험이자 대학입학 자격고사인 바깔로레아에 합격했지만 가정 형편상 진학을 할 수 없었던 것이다. 그는 학업을 계속하고 싶었지만 우선 자신의 힘으로 학비를 벌어야만 했다. 그래서 그는 인근의 쉬잔중학교에서 복습교사로 근무하게 된다.

이때 그의 친구인 폴 에브라르는 그에게 기술직인 전신기사 자격증 시험을 치를 것을 권유하게 되고, 그 권유를 받아들여 바슐라르는 1년간의 준비 끝에 전신기사 자격을 취득한다. 레미르몽의 우체국에서 2년간 전신기사로 근무한 뒤 그는 군에 입대하게 된다. 그는 퐁-타-무송에 있는 제12기병대에서 통신병으로 근무하였다. 그때의 그의 신상 기록은 그 후에 알려져 있는 그의 인상과는 많이 다르다. 신장 166cm, 머리색, 눈썹 : 짙은 밤색, 눈동자 : 회색빛 도는 밤색, 이마 : 보통, 턱 : 둥금, 특기사항 : 없음.

1907년 군에서 제대한 바슐라르는 파리의 우체국으로 발령을 받게 된다. 1907년 10월부터 1909년까지는 우체국 동역 지점에서, 1909년부터 1913년 1월까지는 중앙 우체국에서 전신기사로 근무했다. 이때부터 그의 본격적인 주경야독의 생활이 이어지게 된다. 이 시절의 어려움을 그는 『부정의 철학』에서 "과도한 우편 업무에 시달리면서도 재정적 걱정이 항상 덫을 드리우고 있던" 시절이라고 지나가면서 기억한다.

그러나 그는 이 파리 시절에 그의 최초의 목표들을 하나씩 이루어 나간다. 그는 독학으로 대학 학사 자격증을 하나하나 취득해 나갔던 것이다. 그가 취득한 학위와 수료증명서는 다음과 같다. <수학 학사학위>, <물리학 학사학위>, <일반 수학 수료증명서>, <이론 역학 수료증명서>, <대수학 수료

증명서>, <미적분학 수료증명서>, <수리물리학 수료증명서>, <심화 천문학 수료증명서>.

1912년 그는 고급 전신기사 선발 대회에 출전한다. 필기시험을 통과하고 마지막 구두 고사에서 3등을 했지만 선발 인원은 2명뿐이었다. 그는 실망하지 않고 다음 대회를 기약했으나 그 기회는 다시 오지 않았다. 2년마다 열리는 대회는 제1차 세계대전으로 인해 열리지 못했고, 제1차세계대전은 전신기사 바슐라르의 인생행로를 완전히 뒤바꾸어 놓았던 것이다.

1914년 7월에 바슐라르는 고향 인근의 초등학교 교사였던 잔느 로시와 결혼하게 된다. 그러나 잔인한 역사는 두 사람을 같이 있게 하지 않는다. 결혼한 지 3주 만에 제1차세계대전이 발발하게 되고 바슐라르는 군에 징집당한다. 그는 42개월 반 동안을 전선에서 사병으로 근무하게 된다.

불행은 이제 막 시작 단계였을 뿐이다. 그가 군에 있는 동안 부인 로시는 중병에 걸리게 된다. 1916년에는 부인의 병세가 급격히 악화되었다. 바슐라르는 휴가기간에 부인을 대신하여 수업을 하기도 하였다. 어려운 상황은 그로 하여금 새로운 결심을 하도록 강요했다. 부인의 병간호를 안정적으로 하기 위하여 그는 장교가 되기로 한 것이다.

그는 장교 진급 시험을 치렀고 1917년 2월 20일에 소위로 임관한다. 그러나 그것은 한편으로는 잘못된 선택이기도 했다. 그가 장교가 되었을 때는 미국을 위시한 연합군에 대한 독일군의 공세가 가장 치열할 때였다. 제5기병연대 통신 중대 중

바르-쉬르-오브 중학교 졸업식 사진에 함께한 바슐라르.

대장으로서 그는 막중한 부담감에 시달리게 된다. 끝없이 계속되는 참호전을 겪은 그는 1918년 3월 전투의 공로로 무공훈장(레지옹 도뇌르 슈발리에)을 받기도 하였다.

1919년 3월 마침내 전쟁은 끝나고 바슐라르는 소집해제가 되어 고향으로 돌아오게 된다. 그때 그의 나이는 이미 35세였다. 그는 전쟁 전에 하던 파리의 전신기사 일을 그만두고 고향에서 교사의 길로 나갈 것을 결심하게 된다. 만삭의 병약한 아내를 떠날 수 없었기 때문이다.

1919년 10월 바슐라르는 자신의 모교인 바르-쉬르-오브 중학교의 물리·화학교사로 임명된다. 부인이 인근의 브와니로 발령이 났기 때문에, 브와니에 집을 구한 바슐라르는 12km나 되는 거리를 매일 몇 시간씩 걸어서 학교에 출퇴근 하게 된다.

15

그리고 브와니에 정착하는 바로 그 달에 딸 쉬잔 바슐라르가 출생한다.

불행은 바슐라르가 비로소 안정된 가정을 갖는 것을 용납하지 않았다. 병약했던 잔느는 쉬잔이 출생한 지 7개월 만에 세상을 뜨고 말았던 것이다. 5년 동안의 결혼 생활 중 두 사람이 같이 있을 수 있었던 것은 고작 8개월 남짓이었다. 다시 바르-쉬르-오브로 돌아온 바슐라르는 이때부터 혼자서 쉬잔을 돌보며 학교에서 학생들을 가르쳐야만 했다. 어린 딸 쉬잔에 대한 바슐라르의 애정은 각별했다. 아이가 조금만 아픈 기색을 보여도 그는 밤잠을 못 자며 안절부절 못했다. 아내를 떠나보낸 그에게 어린 쉬잔은 유일한 버팀목이었다.

"인생에 있어서의 가장 큰 불행 속에서도, 어린아이라는 버팀목을 가지고 있으면 우리는 용기를 내게 된다."(『몽상의 시학』)

이러한 어려움 속에서도 바슐라르는 1920년 11월 6일 철학 학사학위를 취득하게 된다. 부인이 죽은 지 5개월 만의 일이다. 아마도 바슐라르는 부인을 잃은 슬픔을 극복하고자 더욱더 학문에 열중하였을 것이다. 2년 후인 1922년에는 철학 교사 자격까지 획득하게 된다. 바슐라르는 더욱 더 열정적으로 일과 학문에 매달리게 된다.

이때부터 학교에서 가르치는 과목도 기존의 화학과 물리에

더하여 자연사, 우주 형상학, 그리고 산업 디자인까지 담당하게 되었다. 불행은 그의 고삐를 늦추지 않아, 다음해인 1923년에는 아버지가 탄저병으로 사망하게 되고, 2년 후에는 어머니마저 세상을 뜨게 된다. 세상에 홀로 남게 된 그는 더 이상 어린 쉬잔을 낮에 돌보아줄 사람이 없게 되자, 5살 난 쉬잔을 데리고 학교에 출근하게 된다. 당시의 학생의 회고담이다.

"바슐라르 선생님은 수업시간에 쉬잔을 데리고 교실에 들어오셨어요. 수업 중에 쉬잔은 교실 한편의 의자에 앉아서 혼자 놀곤 했었죠. 우리에게 자습 문제를 내주고 잠시 짬이 날 때면, 선생님은 쉬잔에게 아주 정성스레 오렌지를 깎아 주시곤 했어요."

1925년부터 디종 대학에 출강하게 되면서 바슐라르는 일주일에 한 번씩 디종을 오가면서 강의를 하게 된다. 이와 같이 보통 사람들로선 엄두도 내지 못할 과중한 업무와 개인적인 불행 속에서 바슐라르는, 한편으로는 결코 만만치 않은 개인적인 작업을 추진하고 있었다. 바로 소르본대학의 박

딸 쉬잔과 함께.

사학위를 준비하고 있었던 것이다.

1927년 5월 23일 바슐라르는 소르본대학에서 「근접 인식에 대한 시론」과 「물리학적 문제의 진화에 대한 연구」라는 2개의 학위논문으로 박사학위를 취득하게 된다. 이 두 논문은 이듬해에 책으로 출판되었고, 그의 최초의 저서들이 된다. 제1차세계대전의 전선에서 돌아온 지 8년만의 일이었다. 이 기간은 아마도 그의 인생에서 가장 큰 시련기였을 것이다. 이 기간 동안 바슐라르는 사랑하는 사람들을 모두 잃어버리는 불행 속에서도 결코 용기를 잃지 않았고, 그 불행을 극복하는 빛나는 성과를 이룬 것이다. 이때 그의 나이 43세였다.

그의 공부하는 스타일은 한마디로 무식 그 자체였다. 그는 개편된 학제에서 중학교를 다닌 탓에 라틴어 수업을 듣지 못했었다. 그러나 그는 상당한 수준의 라틴어 지식을 가지고 있었는데, 한 지인이 그에게 어떻게 라틴어 공부를 했는지 물어보았다. 답변은 아주 간단했다.

"프랑스어 번역이 아주 잘 되어 있는 라틴어 책을 하나 사서 첫 페이지부터 한 글자 한 글자 읽는 거야. 다음날에는 첫 페이지부터 다시 읽는 거지. 매일 매일 그렇게 하다보면 라틴어를 알게 되는 거지."

"그럼 문법은?"

"문법? 그건 신경 안 써도 돼. 계속 하다보면 저절로 알게 되지."

디종대학에 출강할 때에 그는 디종대학 도서관에서 박사 학위 논문 준비를 했다. 한번은 꼭 필요한 독일어 서적이 있었는데, 매우 중요한 판본이라서 도서관에서 관외 대출이 되지 않았다. 그러자 바슐라르는 매일 새벽에 도서관에 가서 그 책의 내용 전체를 손으로 필사했다.

　　바슐라르는 바르-쉬르-오브 중학교에서 10년 동안 근무했다. 이 시절의 학생들은 언제나 얼굴에 미소를 띠고, 학생들에게 항상 다정하고, 무엇이든 정확한 설명을 해주던 선생님으로 그를 기억한다. 그는 한 번도 체벌을 한 적이 없었고, 수업 시간에 학생들 자리에 앉아서 이야기하기를 좋아했다. 그는 산업 디자인 시간에도 학생들에게 입센과 도스토예프스키, 보들레르, 베를렌느, 랭보, 포우, 발레리 등 문학가들과 인상주의 화가들에 관한 이야기들을 함으로써 학생들에게 영감을 주었다. 르노아르의 그림을 통해 빛의 효과를 설명해 주었고, 고호의 그림에서 노란색을 "마치 태양의 꿀처럼, 수천 송이의 꽃에서 모은 황금"으로

바슐라르가 중학교 교사 시절
수업시간에 학생이 그린 그림

설명했다. 이 당시 바르-쉬르-오브 중학교의 제자였고, 후에 디종대학의 제자이기도 한 베르나르 프리외는 훗날 다음과 같이 회상한다.

"그토록 아름답고 활기찬 영혼을 가진 바슐라르 선생님을 만날 수 있었던 나는 정말 행복한 학생이었다."

1930년에 그는 디종 문과대학의 철학과 교수로 임명된다. 고등학교를 졸업하고 그토록 가고 싶었던 대학에 그는 28년간의 파란만장한 생을 거쳐서 들어오게 된 것이다. 학생이 아닌 선생으로서. 그는 디종으로 거처를 옮기게 되고, 이때부터 디종은 그의 제2의 고향이 된다.

디종에서 그는 가스통 루프넬을 만나게 되고, 평생의 학문적 친구로 지낸다. 그의 작품 『실로암 *Siloé*』을 분석한 저서 『순간의 직관』을 쓴 것이 이때의 일이다. 루프넬은 부르고뉴의 불과 대지의 전통에 대해 바슐라르에게 알려주게 되고, 바슐라르는 이때부터 불과 대지의 매력에 빠져들게 된다.

다음은 『가스통 바슐라르에 대한 증언』에 실려 있는 앙리 뱅스노의 회상이다.

어느 날 나는 부르고뉴의 운하를 따라서 산책을 하고 있었다. 그때 한 남자가 내 앞에서 멈춰섰다.
그는 챙이 넓은 검은 색의 큰 모자를 쓰고 있었고, 어깨를 덮고 있는 검은 색 망토를 입고 있었다. 나는 그가 저 멀리서 올 때부터 그를 눈여겨보고 있었다. 왜냐하면 그는 혼자서 무슨 손짓 같은 것을 하면서 걸어오고 있었는데, 휘날리는 옷자락이 그 동작을 더 과장되게 만들었기 때문이다. 그러나 무엇보다도 가장 인상적인 것은 그의 수염이었다. 그는 가슴까지 내려오는 반백의 수염을 기르고 있었고, 목덜미까지 내려오는 회색 머리를 가지고 있었다. 나는 잡지에서 보았던 칼 마르크스의 사진이나 브라암스를 닮았다고 생각했다.

그는 무언가 알 수 없는 어려운 이야기를 혼잣말로 하고 있었다. 갑자기 그가 나를 향하더니 말했다.

"젊은이, 지금 멋진 일을 하고 있구만."

한 시간여에 걸쳐서 그는 나에게 골족의 드루이드교 전통과 켈트족의 문화, 부르고뉴의 역사에 대해서 설명해 주었다. 나는 갈수록 이 놀라운 사람이 누구일까 하는 호기심이 들었다. 갑자기 그가 나에게 물었다.

"그런데 젊은이, 자네는 전형적인 부르고뉴 악센트를 가지고 있구만. 자네는 부르고뉴 토박이지?"

"예, 저는 우슈 강 근처에 있는 마을에서 태어났지요."

"자네 집에서는 아직도 사투리를 쓰나?"

"당연하지요."

그는 어린아이처럼 손뼉을 치면서 좋아했다.

"완벽해! 완벽해! 그럼 자네는 자네 고향의 전설이나 옛날이야기들에 대해서 잘 알겠구만. 특히 불에 관한 것들 말이야."

"저는 젖먹이일 때부터 화롯가에서 그런 이야기들을 들으면서 자랐죠."

그는 기뻐하면서 내 손을 잡으며 말했다.

"그럼 바로 자네가 내 사람일세."

그는 자신이 지금 불에 관련된 이미지와 몽상을 다루는 책을 준비하고 있는데, 그와 관련된 민담이나 전설들이 많이 필요하다고 설명해주었다.

이것이 바로 내가 우리 고장의 내가 몰랐던 놀라운 매력들을 발견하게 된 계기였고, 나의 친구가 된 위대한 철학자의 걸작에 참여하게 된 계기였다. 그 책의 이름은 다름 아닌 『불의 정신분석』이었고, 그 철학자의 이름은 가스통 바슐라르였다.

디종대학에서의 10년 동안 바슐라르는 학문적 명성을 얻게 된다. 그의 제자인 폴 지네스티에는 자신의 저서 『바슐라르를 알기 위하여』에서 다음과 같이 기록하고 있다.

"아마 이 디종이라는 도시에서, 10년 동안의 바슐라르의 전설이 성숙했던 것 같다. 그 온후한 거인은 환상적이고 모범이 될 만한 틀에서 일치 이상으로 우리가 보는 비교들, 즉 모세, 마르크스, 쥘 베른 등을 상기시켜준다. 유행이 다 지난 그의 프록 코트, 앞으로 다가올 유행을 말해주는 조끼, 시대에 걸맞지 않게 챙이 넓은 둥근 모자, 이 모든 것이 박학의 영웅을 만들기 위해 결합된 것이다. 그가 하는 강의 하나하나는 강의라기보다는 '페스티벌'이었다. 바슐라르의 신화는, 교육의 투사 바슐라르가 수업이 끝날 때마다 내의를 갈아입었다는 사실을 의미했다! 그리고 디종에서의 전설은 그를 앞질러 갔다. 1940년 11월 소르본대학에 과학사와 철학 담당 교수로 취임했을 때 수강생들은 훌륭한 연극이 상연되는 극장에서처럼 그가 나타나기도 전에 바슐라르라는 인물의 후광에 싸인 이미지를 이미 머릿속에 담고 있었다."

소르본대학에서 <과학사와 과학철학>에 대한 강의를 하면서, 그는 기술과 과학의 역사에 있어서 직관의 역할을 역설했다. 이 기간에 그는 기존의 강좌들과는 전혀 다른 제목을 가진 강의를 했는데, <상상력의 형이상학>이 곧 그것이다. 강의 첫 시간에 그는 다음과 같은 유명한 언급을 한다.

"과학의 실용적 교육에서 철학 교육으로 옮겨왔는데도, 나는 완전히 행복하지는 못했습니다. 그래서 나는 그 불만족의 이유를 찾고 있었습니다. 어느 날 디종에서 한 학생이 '나의 살균된 세계'를 상기시켜 주었습니다. 그건 하나의 계시였습니다. 사람은 살균된 세계 속에서는 행복할 수 없는 법이지요. 그 세계에 생명을 이끌어 들이기 위해서는 미생물들을 들끓게 해야 했습니다. 상상력을 회복시키고, 시를 발견해야 했던 거지요."

바슐라르가 소르본에 임명되었을 때는 제2차세계대전 중의 독일 점령기였다. 실제로 1940년 11월에 그가 소르본으로부터 임명장을 받자마자, 개선문 광장에서 벌어진 학생들의 시위로 소르본에는 휴교령이 내려졌다. 그가 첫 강의를 시작하게 된 것은 1941년 1월 4일이었다. 소르본의 절친한 동료로는 장 카바이에스 교수가 있었는데, 카바이에스는 1937년 프라하에서 열렸던 국제 철학 세미나에서 서로 알게 된 사이였다. 그는 1941년 초에 바슐라르에 뒤이어 소르본 교수가 되었었다. 바슐라르는 카바이에스와 서로 뜻이 맞았고, 학교에서나 집에서 학문적인 이야기나 시국 이야기들을 허심탄회하게 나누었다.

그러나 카바이에스는 은밀히 레지스탕스 운동에 참여하고 있었고, 곧 독일군에게 체포되어서 소르본에서 사라지게 된다. 후에 바슐라르는 그가 1944년 아바스의 성채에서 총살되었다는 소식을 듣게 된다. 당시의 학생이었던 피에르 말그라스는 다음과 같은 회상을 한다.

"1942년 유월 어느 날 우리는 바슐라르 선생님의 집을 방문했었지요. 소르본에서 막 돌아온 바슐라르는 심각한 얼굴을 하고 있어서 우리는 모두 놀랐습니다. 책상에 앉자마자 그는 주머니에서 종이쪽지를 하나 꺼냈습니다. 그것은 소르본에서 은밀히 돌아다니던 문서였죠. 그리고 그는 아무도 누가 쓴 것인지 모르는 시를 떨리는 목소리로 읽어 나갔습니다.

내 초등학교 노트위에
내 초등학교 책상위에
나무위에
눈밭의 모래위에
너의 이름을 쓴다
자유여.

나중에 우리는 그 시
를 쓴 시인이 폴 엘뤼아
르라는 것을 알게 되었습
니다."

살바도르 달리가 그린 엘뤼아르 초상화

1952년에 콜레쥬 드 프랑스의 자리가 하나 비게 되었고, 그 자리에 바슐라르가 천거되었다. 그는 오랜 망설임 끝에 고사를 하고 그 자리를 메를로-퐁티에게 양보한다. 그는 한 지인에게 보낸 편지에서 그 이유를 다음과 같이 설명한다. "나는 소르본이 마음에 들고 학생들이 좋습니다. 나는 콜레쥬 드 프랑스의 편안한 자리보다는 열정적인 삶이 좋습니다." 그는 이렇게 소르본에서 머물 것을 결심한 것이다.

바슐라르는 1951년 레지옹 도뇌르 코망당(4등) 훈장을 받았고— 그는 이미 군복무 시절인 1937년에 레지옹 도뇌르 슈발리에(5등) 훈장을 받은 바 있다—, 1955년에 도덕·정치 아카데미에 회원으로 선출된다. 1959년에 레지옹 도뇌르 3등 훈장을 받고, 1961년에는 국가 문학 아카데미 대상을 받는다. 일생을 학문의 길을 정진하고, 현대 상상력 연구의 큰 전환점을 이뤘던 그는 1962년 10월 16일 운명한다.

다음은 지네스티에의 저서에 실려 있는 바슐라르에 관한 증언이다.

바슐라르 선생님 ! 내가 생각하기로는 확실히 그분은 철학자도 아니었고, 과학자도 아니었으며, 연구소의 연구원도 아니었습니다. 그렇다고 시인도 아니었습니다. 그분은 '대단한 사람'이었습니다. 당신과 그 자신, 그리고 사물들을 이해하는 것처럼 보였으며, 또 그럴 수 있을 것 같아 보였던 놀랄만한 사람이었습니다. 그는 삶과 인간, 그리고 물과 공기, 모든 것을 좋아했으며, '감사합니다'라는 말을 하는듯한 훌륭하고 관대한 위인이었습니다.

여러 해 동안 나는 그분이 이 복도에 나타나는 것을 보았습니다. 그는 내가 있는 쪽으로 다가와서, 나를 데리고 자신의 서재로 갔습니다. 거기서 우리 두 사람은 수십 명의 학생들이 초조하게, 그러나 기쁜 마음으로 자기를 기다리는 강의실로 들어가기 전 잠시 동안 환담을 나누곤 했습니다. 그의 얼굴 모습—지적인 빛으로 반짝이는 검은 두 눈, 수염, 눈처럼 새하얀 머리칼—이 인상에 남습니다. 그의 두 손은 시선, 미소, 그리고 모든 존재와 더불어 움직이고 생각했습니다. 그는 자신의 강의를 수강하는 여학생들을 친숙하게 잘 알았습니다. 그래서 이름을 부를 때도 성은 **빼고** 이름만 불렀답니다. 또한 그는 남학생들을 좋아해서 그와 함께 공부하는 학생이라면 모두에게 애착심을 갖고 몰두했습니다. 그 당시 그는 그들로부터 모든 걸 알고 싶어 했어요. 특히 그는 그들의 불행한 모습을 보는 것을 참을 수 없었습니다. 바슐라르 선생님은 누구보다도 좋은 사람이었습니다. 이 세상에 모든 것이 좋다고 생각되리만치 훌륭한 사람들은 그리 많지 않지요. 하지만 난 그런 사람을 몇 사람 알고 있습니다. 그것이 삶과 화해시키는 것입니다.

감사합니다. 바슐라르 선생님! 당신 덕분에 저는 약간은 더 행복해졌습니다. 당신 덕분에 많은 젊은이들이 다소 행복이 무엇인가를 배웠습니다. 앞으로 50여 년 정도의 세월이 흐르면, 할아버지와 할머니가 자기들의 젊은 날을 회상하며 이렇게 말하겠지요.

'아! 바슐라르, 나는 그 사람을 잘 알았어. 참 위대한 사람이었지!'

소르본대학 철학과 사서
피에르 로모

물질적 상상력과 4원소의 꿈

바슐라르가 훗날 인간 이해의 새로운 틀을 이루게 될 상상력 연구의 첫발을 내디딘 것은 사실 과학철학 연구의 연장선에서였다. 과학철학의 끝에서 바슐라르는 객관적 인식이라는 문제에 천착하게 된다. 인간의 모든 활동은 외부로부터 수집하는 정보의 분석에서부터 시작하게 된다. 즉, 외부세계에 대한 인식에서부터 출발하는 것이다. 이때 개인이 수집하는 정보의 객관성이 보장되어야 그 이후의 과정에서 올바른 결과가 나올 것이다. 그래서 바슐라르는 그 당시 유행하던 정신분석의 용어를 차용하여 '객관적 인식'의 정신분석을 연구 목표로 삼는다. 그가 생각했던 것은 객관적 인식을 가로막는 방해물들을 하나하나 제거해나가다 보면 종국적으로 객관적 인식에

도달할 수 있을 것이라는 것이었다. 그가 생각했던 대표적인 인식론적 방해물은 그때까지 서구 철학에서 그래왔듯이 이미지와 상상력이었다. 주관적 가치의 대표적인 예로서 인간의 객관적 인식을 가로막는 이미지와 상상력은 인간의 주관적인 욕망의 발현으로서, 인간의 오류를 범하게 하는 주된 요인이기 때문이다. 그리하여 바슐라르는 인간 정신활동의 근원적인 오류의 원천인 이미지를 체계적으로 분류하겠다는 계획을 세우고 실행에 옮기게 된다. 훗날 그의 상상력 연구의 시발점으로 평가되는『불의 정신분석』은 이와 같은 상당히 불순한 의도에서 시작되었다.

『불의 정신분석』을 출간한 같은 해에 바슐라르는『과학정신의 형성』이라는 과학 철학에 관한 책을 출판했는데, 이 책의 부제는 '객관적 인식의 정신분석을 위한 기여'였다. 이 책의 주된 목적은 과학정신과 객관적 인식의 형성을 방해하는 인식론적 장애물인 이미지를 쫓아내고, 과학적 사유의 순수성을 보전하는 것이었다.『불의 정신분석』은『과학정신의 형성』의 후편의 성격을 가지고 집필이 시작되었다. 바슐라르는『불의 정신분석』이『과학정신의 형성』에서 자신이 제시한 명제들의 예시를 보여주기 위하여 기획되었다고 서문에서 밝히고 있다. 그러나 이미지에 대한 분류작업을 시작한지 얼마 되지 않아서 그의 원래의 계획은 근본적으로 틀어지게 된다. 그는『불의 정신분석』을 집필하면서 인간의 삶에는 객관적으로 이해할 수 없는 요소들이 있고, 그것들은 자생적인 생명력을 가지고 있으며, 항상 인간의 내면에서 새로운 에너지로 작용한다는 것을 깨닫게 된 것이다. 이미지와 상상력은 엄격한 이성의 지배하에 있는 의식의 억압 아래서도 항상 미래를 향해 뻗어나간다. 그때부터 그는 이미지와 상상력은 인간의 정신활동에 있어서 하나의 오류가 아니라, 주관적 가치체계이고 이 주관적 가치체계야말로 인간 정신의 가장 중요한 요소라는 것을 깨달은 것이다. 그는 스스로 객관적 인식을 방해하는 방해물이라고 이름 붙였던 '주관성의 오류'에 매혹당한 것이다. 이때부터 그의 연구 목표는 180도 달라져서 이미지와 상상력의 긍정적 가치에 대한 탐구로 변모하게 된다. 그리하여 이 이미지와 상상력에 대한 연구는 최초의 기획 의도와는 달리 그 후 20여 년간의 그의 학술적 탐구의 몸통을 이루게 되고, 그 결과 우리는 '인간의 행복한 삶을 구성하는 원천으로서의 이미지와 상상력'이라는 지금의 놀라운 결과물을 가지게 된 것이다. 흔히 바슐라르의 업적을 평하는 표현인 '상상력의 코페르니쿠스적 전환'은 사실 바슐라르 자신이 누구보다도 먼저 체험을 한 것이다. 우리는 살면서 끊임없이 객관성을 추구하면서도, 사실은 주관적 가치들 속에서 사는 것이다.

물질과 이미지

바슐라르가 이미지에 대한 연구를 하면서 가장 관심을 갖게 된 것은 이미지 대상의 물질성이었다. 즉, 우리에게 이미지를 제공해주는 대상을 형태로서 파악하는 것이 아니라 물질로서 파악하는 것이다. 예를 들어 우리에게 정육면체나 직육면체의 물체가 하나 주어진다면, 우리는 그 육면체의 형태를 보고 여러 가지 상상을 통해 다양한 이미지들을 마음속에 그릴 수 있을 것이다. 육면체로부터 빌딩의 이미지를 가질 수도 있고, 자동차나 기차를 그릴 수도 있다.

우리는 주어진 하나의 육면체로부터 무한한 이미지들을 만들어 낼 수 있지만, 그것들의 공통점은 모두 여섯 개의 사각형을 가진 육면체들의 변형들이라는 것이다. 이와 같이 하나의 대상이 주어졌을 때 그것의 외적 형태로 인해 생겨나는 이미지들을 형태적 이미지(image formelle)라고 부를 수 있다.

이 형태적 이미지는 우리가 일상생활에서 가장 많이 접하고 또 만들어내는 이미지들이다. 그렇지만 만일 그 육면체가 진흙으로 되어 있고 우리가 진흙의 성질에 주목하게 된다면 이야기는 전혀 달라진다. 우리는 그것이 더 이상 고정된 육면체가 아니라는 사실을 알기에, 그로부터 무한한 무정형의 이미지를 만들 수 있다. 육면체 형태를 잠시 띠고 있는 하나의 진흙덩어리로부터 우리는 호랑이나 사자를 만들 수도 있고, 비행기나 배를 만들 수도 있을 것이다. 더 중요한 것은 진흙으로 만들어 낼 수 있는 다양한 형태가 아니라 진흙의 성질 자체이다. 손안에서 만져지는 말랑말랑한 감촉의 덩어리는 그것을 만지는 것 자체만으로도 우리에게 너무도 많은 것을 준다. 우리의 촉각을 일깨우며 시시각각 변하는 이 덩어리는 우리가 모든 것을 만들어 낼 수 있는 창조주의 자리에 올라 설 수 있도록 한다. 매끈한 진흙 감촉은 우리로 하여금 매끄러운 것과 연결된 모든 추억을 떠올리게 하고, 그로부터 한없는 몽상에 잠겨들도록 한다. 이때의 진흙덩이는 더 이상 육면체의 형태가 아니라, 우리의 일부가 된 하나의 원초적 물질로서 존재하는 것이다.

바슐라르가 『불의 정신분석』에서 불에 대한 이미지 연구를 시작한 것은 이 불이야말로 우리가 그 물질성에 집중하기 가장 쉬운 물질이라 보았기 때문이다. "촛불을 바라보는 사람은 불을 바라보는 것이 아니다. 그는 촛불을 바라보며 명상에 잠겨드는 것이다."라는 바슐라르의 말은 이 불의 물질성을 핵심적으로 나타내는 표현이다. 우리는 흔히 경건한 의식을 할 때 촛불을 사용한다. 꼭 종교적인 의식이 아니라도 어둠 속에서의 촛불 의식이나 촛불시위 같은 경우를 보면, 촛불은 단순히 어둠 속에서 빛을 내는 불꽃이라는 물질이 아니라, 우리를 내면으로 인도하는 신비로운 물질인 것이다.

이와 같이 대상의 물질성에 주목하여 만들어지는 이미지를 바슐라르는 물질적 이미지(image matérielle)라 부른다(원래의 의미에 충실하여 질료적 이미지라 부를 수도 있을 것이다.). 이 물질적 이미지를 만드는 것은 물론 물질적 상상력이다.

물질적 상상력은 이미지의 대상을 형태로 파악하는 것이 아니라 그것이 가지고 있는 물질성에 기반하여 발전해 나가는 상상력이다. 형태적 이미지는 즉각적이고 즉흥적이다. 그것은 단번에 우리의 시선을 끌고, 연상 작용에 의해 우리의 머릿속을 채운다. 그것은 형태를 보는 순간에 섬광과도 같이 짧은 시간에, 거의 실시간으로 떠오르는 경우가 대부분이다. 그것은 형태가 독특하거나 자극적일수록 더욱 뚜렷하게 나타난다. 반면에 물질적 이미지는 천천히 시간을 두고 만들어진다. 그것은 형태적 이미지의 뒤에서 느릿하게 나타난다. 물질적 이미지는 찰나의 순간에 만들어지는 사진 같은 것이 아니라 오래 숙성된 포도주 같은 것이다. 그것은 우리의 느릿한 몽상 속에서 천천히 변화를 한다.

이렇듯 우리가 이미지의 대상의 물질성에 주목하게 되면 세계는 지금까지 우리가 알고 있다고 생각하던 것과는 전혀 다른 의미를 띠게 된다. 예를 들어 물이라는 물질은 형태적 이미지로만 파악하려 한다면 단순히 고정된 형태가 없는 물질이다. 물은 그것을 담는 그릇에 따라 형태가 변화한다. 그러나 우리가 세상에 존재하는 물을 보면 단순한 외형적 모습으로 인해 우리에게 의미를 주는 것은 아니다. 예를 들어, 봄날에 흐르는 시냇물은 경쾌한 음악과 같은 가벼운 물의 이미지를 주는 반면에, 폭풍우 속에서 포효하는 바닷물은 거대한 산과 같은 무거운 물의 이미지를 만들어 낸다. 그런가 하면 끝이 보이지 않을 정도로 깊은 물은 죽음의 이미지를 가지기도 한다. 동일한 물질이라도 이렇듯 상황에 따라 우리에게 전혀 다른 속성의 이미지를 만들어 내는 것이다. 이 이미지의 물질성은 그 속성상 시대와 문화를 초월한 보편성을 가지고 있다. 이 사실은 우리가 고대의 인류의 조상들이나 먼 미래의 후손들과 동일한 이미지를 공유할 수 있다는 뜻이다. 물질로 인해 우리는 시대와 세대를 초월하는 보편성을 가질 수 있는 것이다. 이와 같이 전혀 새로운 개념의 물질적 이미지는 그것이 우리의 무형적 정신활동과 관련되어 있기 때문에 가능하다. 미리 간단히 말하자면, 형태적 이미지는 시각적 이미지에 속하고 물질적 이미지는 정신적 이미지에 속한다고 말할 수 있다.

이미지의 4원소론

바슐라르는 이러한 이미지의 물질성에 착안하여, 모든 이미지들을 물, 불, 공기, 흙의 네 가지 원소라는 기준에 의해 분류할 수 있을 것으로 생각했다. 그리하여 그는 이 네 가지 원소의 이미지들을 기준으로 5권의 책을 썼는데 - 『불의 정신분석』, 『물과 꿈』, 『공기와 꿈』, 『대지와 의지의 몽상』, 『대지의 휴식의 몽상』 - 이 5권의 물질적 이미지에 대한 연구를 흔히 '이미지의 4원소론'이라 부른다. 『물과 꿈』의 서문에서 바슐라르는 다음과 같이 물질적 상상력에 의한 시학의 포부를 밝히고 있다.

"우리는 상상력의 영역에서 불, 공기, 물, 흙의 어느 원소에 결부되느냐에 따라 다양한 물질적 상상력을 분류해주는, 4원소의 법칙을 규정하는 것이 가능하다고 믿는다. 그리고 만약 우리가 주장하는 바와 같이, 모든 시학이 물질 본질의 구성요소 — 그것이 아무리 미약한 것이라 할지라도 — 를 받아들여야 한다면, 시의 영혼들을 가장 강력하게 결합시키는 것은 원초적인 물질 원소에 의한 분류임엔 분명하다. 하나의 몽상이 하나의 작품을 제작하는 데 충분한 항구성을 가지고 계속되기 위해서, 또한 그것이 단순히 덧없는 무위(無爲)의 시간이 아니기 위해서는 자신의 물질을 찾아야만 하며, 어떤 물질 원소가 자신의 실체, 규칙, 또는 특별한 시학을 몽상에 제공해야만 한다."

모든 것을 물, 불, 공기, 흙 네 가지 원소의 조합으로 설명하고자 하는 4원소론은 사실 바슐라르가 고안해 낸 것은 아니다. 4원소론은 원래 고대 그리스 철학자 엠페도클레스 이래로 서구에서 널리 확산되어 온 인식론이다. 엠페도클레스는 자신의 저서 『자연에 대하여』에서 만물의 근원을 흙, 물, 불, 공기라고 주장했다. 이 불생불멸(不生不滅)의 4원소가 '사랑'과 '미움'에 의해 결합하거나 분리하여 세계의 여러 가지 상태를 만들어낸다고 생각했다. 예를 들어, 물과 포도주는 서로 사랑하기 때문에 잘 섞이는데 비해 물과 기름은 서로 미워하기 때문에 잘 섞이지 않는다는 식이다. 그는 이 세상이 만들어질 때 사랑이 완전히 지배하는 시기에는 4원소가 혼합된 구형(球形)의 물체가 만들어지고, 미움의 지배가 커지는 시기에는 세계와 생물이 만들어지고, 미움이 완전히 지배하는 시기에는 4원소가 각각 분리된 4개의 덩어리가 만들어지고, 사랑의 지배가 커지는 시기에는 세계와 생물이 만들어진다고 생각했다.

아리스토텔레스는 엠페도클레스의 생각을 발전시켜 더욱 구체적인 4원소설을 주장하게 된다. 그는 모든 원소는 따뜻함과 차가움 그리고 건조함과 축축함의 네 가지 기본 성질 중 두 가지를 가지고 있다고 보았다. 그리고 4원소는 기본 성질의 조합이 달라지면 서로 변환될 수 있다는 원소 전환설의 내용을 포함하였다. 예를 들어 물에 불이 작용하면 공기가 되고, 불이 식으면 흙이 된다는 식이다. 이 세상의 물질은 4원소의 조합으로 이루어져 있기 때문에 기존에 존재하는 물질도 인위적으로 조합을 바꿔주면 물질이 바뀌게 되는 것이다. 이러한 아리스토텔레스의 착상은 훗날 중세 연금술의 이론적 근거가 되기도 한다.

4원소론은 동양의 오행설(五行說)과 유사한 점이 많다. 오행이란 금(金), 수(水), 목(木), 화(火), 토(土)의 다섯 가지 원소를 뜻한다. 동양에서는 자연현상을 이 오행의 원리로 설명하였다. 오행 사이에는 서로 도와주는 성질과 다른 것을 이기는 성질이 있어서, 물질을 이루거나 물질이 변하는 데 영향을 준다. 예를 들면 물을 먹고 사는 나무는 불에 타버리고, 불은 흙의 모태이며, 흙은 금의 뿌리이다. 또 금속에서는 물이 나며, 물은 나무가 살기 위한 필수요소이다. 흙에서 양분을 취하는 나무는 흙을 이기지만 금속에게는 지며, 나무에게 지는 흙은 물을 이긴다. 또 금은 물을 이길 수 없다. 이와 같이 모든 것은 서로 서로 연결되면서 영원한 순환의 고리를 이룬다.

4원소론은 과학적 진실의 차원이 아니라 서구적 세계관의 차원에서 이해하여야 한다. 우리가 동양의 음양오행사상을 객관적 과학적 사실이 아니라 동양인의 정신세계를 구성하는 사상체계로 이해하듯이, 서구의 4원소론은 서구인의 상상계를 구성하는 체계로서 이해되어야 한다. 4원소론의 네 원소는 네 개의 원소가 아니라 세계의 모든 원소를 뜻한다. 세상의 모든 물질이 이 네 원소의 결합이므로 4라는 숫자는 세상을 이해하기 위한 가장 기본적인 숫자이다. 역으로 5번째 원소란 이 세상에 존재하지 않는 원소를 뜻한다(뤽 베송의 「제 5원소」라는 영화를 상기해 보라.). 이 4원소론은 고대의 우주론이나 중세의 연금술 이외에도 폭넓게 서구인들의 상상계를 차지해 왔다. 이와 같은 4원소론을 바슐라르가 자신의 이미지 연구에 적용시킨 것은 그것이 과학적 진실이기 때문이 아니라, 그것이 서구인의 상상계를 구성하는 기본적인 틀이기 때문이었다.

4원소론은 과학의 입장에서 보면 명백한 인간 정신의 '오류'이며, '인식론적 장애물'이지만, 상상계의 입장에서 보면 세계를 바라보는 인간의 꿈, 즉 인간의 몽상의 틀을 보여준다. 과학적 오류인 4원소론은 상상력의 세계에서는 진실인 것이다. 이 이미지의 4원소는 각기 독립적으로 나타나기도 하지만 서로 결합하여 새로운 의미를 갖기도 한다. 예를 들어 알코올이 들어있는 음료인 '펀치'는 물과 불의 결합이고, 진흙은 물과 대지의 결합이다.

바슐라르는 문학 이미지를 연구하면서, 문학 이미지를 만들어 내는 작가들도 이 4원소들 중의 하나의 원소와 연결되어 있다고 생각했다. 모든 시인은 자신이 애호하는 원소를 가지고 있으며 이것은 무의식적으로 작품에 반영되어 나온다는 것이다. 예를 들어 호프만의 작품에는 불에 대한 이미지가 주로 나오며, 에드가 포우나 스윈번 같은 작가들은 물의 이미지를 가지고 있는 작가들이다. 또 대기의 이미지가 강한 작가로는 니체가 있다.

문화 콤플렉스

본격적인 이미지 연구에 들어선 바슐라르는 곧 특이한 사실을 발견하게 된다. 그것은 우리의 상상력이 특정한 경우에 매우 유사한 이미지들을 만들어 낸다는 것이다. 예를 들어 동일한 이미지의 대상을 접한 작가들이 만들어 내는 이미지들은 거의 동일한 이미지들인 경우가 많다. 서양의 미술작품들 중에는 백조와 목욕하는 벌거벗은 여인의 그림이 유난히 많다. 이것은 백조라는 이미지의 대상이 벌거벗은 여인의 이미지를 만들어내는 경우이다. 백조는 벌거벗은 여인의 이미지를 만들어내는 방향성을 가지고 있는 것이다. 이것은 바슐라르가 백조 콤플렉스라고 부른 것이다. 이러한 상상력 발현의 방향성들을 바슐라르는 '문화 콤플렉스(les complexes de culture)'라고 표현했다. 즉, 일상생활에서의 콤플렉스가 아닌 문화적 차원에서 이루어지는 상상력의 콤플렉스라는 뜻이다. 이 콤플렉스의 원인은 자신이 습득한 문화에 의한 연상 작용이다.

어릴 적부터 그리스·로마 신화에 익숙해져 있는 서구인이 백조의 이미지를 접하게 되면 자연스럽게 벌거벗은 여인의 이미지로 발전시키게 된다. 상상하는 주체는 이러한 이미지의 연결을 자신의 고유한 상상력의 발현이라 생각하지만, 사실 이것은 이미 자신이 습득하고 있는 신화들의 한 부분에 의한 연상에 지나지 않는다. 즉, 백조의 이미지를 자신의 영혼 속에서 역동적으로 작용시켜 벌거벗은 여인의 이미지를 만들어 내는 것이 아니라, 이미 자신이 알고 있는 그리스 신화의 제우스와 레다의 이야기에 너무도 손쉽게 연결을 시키는 것이다.

유년기와 청소년기를 거치며 교양이라는 이름의 교육에 길들여져 있는 서구의 교양인들은, 자신이 이미 배웠던 것과 연결되어 있는 이미지의 모티프를 발견하게 되면 반사적으로 자신이 가지고 있는 지식이 연상되는 것이다. 이렇듯 손쉬운 연상에 의해 나오는 이미지들은 자신은 "세상의 광경들로부터 길어냈다고 믿고 있지만, 사실은 어두운 영혼의 투사에 지나지 않는 자신이 좋아하는 이미지들일 뿐"이다.

그러므로 문화 콤플렉스는 인간의 가장 의식적인 정신적 활동인 '성찰 자체를 지배하는 비성찰적인 태도'를 지칭한다. 그것은 구체적으로 인간의 가장 자유로운 정신 활동이어야 할 상상력의 발현을 무의식적으로 지배하는 – 주로 교육에 의해 이루어진 – , 굳어져 있는 이미지의 모듈들이다. 이 문화 콤플렉스의 본질은 상상력의 주체인 개인이 자신이 속해있는 문화에 의해 상상력의 방향 설정에 영향을 받는다는 데 있다.

이렇듯 인간의 가장 특징적인 의식 활동 중의 하나인 상상 현상은 구체적인 결과물인 이미지의 발현을 통해 이루어진다. 이때의 이미지의 발현은 무원칙하게 이루어지는 것이 아니라 나름대로의 상상계의 법칙에 따라 일정한 방향을 띠면서 이루어지게 되는데, 이때 이 상상력의 방향은 상상 활동의 주체인 몽상가가 주도적으로 이끌어 가게 된다. 그러나 체계적인 상상력 훈련을 받지 못한 사람의 경우 이때의 방향 설정은 자신이 상상력의 주체로서 자발적으로 선택한 것이 아니라, 자신이 자라오면서 익숙해지도록 교육을 받은 신화나 생활 습관 같은 외적 요인들에 의해 무의식적으로 선택한 것인 경우가 많다. 즉, 자신은 주체적으로, 또 독창적으로 상상을 한다고 생각하지만 사실은 이미 그 상상의 내용이 이미 자신이 속해 있는 주변 환경, 즉 자신의 문화에 의해 구조화되어 있는 것이다.

문화 콤플렉스는 자신이 가지고 있는 문화적 기호체계에 의해 의미를 달리 가질 수 있다. 교양인들에게는 어떠한 연상 작용을 일으킬 수 있는 기호라도 책을 멀리하는 사람들에게는 아무런 반응도 불러일으키지 않는 무의미한 기호들이 될 수가 있는 것이다. 이 점은 문화의 영역을 달리해서 생각해 보면 명확해진다. 예를 들어, 위에서 언급한 백조 콤플렉스 같은 경우도 서구인이 아닌 동양인들에게는 큰 의미를 갖지 못한다. 이 문화 콤플렉스는 한 사회의 상징체계와 긴밀한 관계를 가지고 있다. 그리고 이 상징체계는 우리들이 학교에서 또는 전통 사회에서 습득하는 것이다. 우리는 이 상징체계의 습득과정을 사회화 혹은 넓은 의미의 교육이라 부른다. 한 개인의 문화 콤플렉스는 이러한 사회화의 과정에서 필연적으로 생성되는 것이다. 즉, 우리는 "스스로는 객관적인 교양을 쌓아 간다고 믿으면서, 문화 콤플렉스들을 키워나가고 있는 것"이다.

문화 콤플렉스 형성에 있어서 가장 큰 영향을 미치는 것은 유년기에서 청소년기에 이르는 학교 교육이다. 인생에 있어서 가장 감수성이 예민한 이 시기에 받는 문화적 충격은 평생 동안 그 흔적을 남기게 된다. 이 시기의 학교생활은 곧 문화와 동의어이고, 이때의 문화적 충격은 상상력의 활동에 결정적이다. 바슐라르가 유년기의 테마에 지속적인 관심을 가지고, 굳어진 상상력을 탈피하기를 거듭 주장하는 것도 바로 이 때문이다. 결론적으로 바슐라르의 '문화 콤플렉스'의 핵심 내용은 문화가 상상력의 중요한 변수 중의 하나이고, 또 그것은 아무런 선별 작업 없이 받아들일 때는 개인적 상상력의 방해물이 된다는 것이다.

문화가 개인의 유년기적 인성 형성에 있어서 중요한 흔적을 남기는 환경이 되고, 후에 개인적 상상력의 발휘라는 상황이 되면 상상하는 주체의 개인적 의지와는 상관없이 '통제할 수 없는 상상력의 원동력'으로서 작용한다. 바슐라르는 상상력에 있어서의 문화의 역할이 프로이트식의 콤플렉스와 유사한 양상을 보인다는 점을 주시했던 것이다. 이러한 관점에서

볼 때, 문화 콤플렉스는 진정한 상상력의 발현을 가로막는 -
마치 부정적인 의미에서의 정신분석학의 콤플렉스가 인성의
정상적인 활동을 방해하듯이 - 방어막으로 작용하게 된다. 즉,
개인의 상상력은 문화라는 환경에 의해 고착되고, 한계가 지
워지는 것이다.

그러나 바슐라르는 이러한 문화 콤플렉스의 태생적 한계를
인정하면서도 그것의 순기능을 인정하고 있다. 왜냐하면 인간
은 이미 사회적인 동물이고, 아무리 부정하려고 해도 문화를
떠나서 인간은 생존할 수 없기 때문이다. 문화는 인간에게 지
적 환경의 틀을 제한하지만, 그 환경의 틀 자체를 부정하는 것
은 자신의 존재를 부정하는 것이라는 딜레마에 빠지게 된다.
결국 바슐라르는 이 점에 있어서 상상하는 주체의 역할을 강
조하게 된다. 즉, 문화 콤플렉스에 의해 형성된 이미지군이라
도, 그 원인이 되는 문화와 개인적 상상력의 활동의 연결고리
를 이해한다면, 오히려 개인적 상상력의 메커니즘을 이해할
수 있는 도구로서 사용될 수 있다는 것이다. 문학작품을 설명
하기 위해서 문화로부터 완전히 벗어날 필요는 없고, 또 그럴
수도 없다. 문학작품이란 이미 문화의 드라마이다. 수사학의
차원에서 태어나고, 작품의 차원에서 매듭지어져야 하는 드라
마인 것이다. 그러므로 이 문화 콤플렉스를 어떻게 이용하느
냐 하는 것은 상상하는 주체의 포용력에 달려 있다. "좋은 면
에서 보면 문화 콤플렉스는 전통을 되살리고, 다시 젊게 만든
다. 나쁜 면으로 보면 문화 콤플렉스는 상상력이 결핍된 작가

의 교과서적 습관이다."(『물과 꿈』)

몽상과 꿈

그가 상상력의 주된 활동 무대로 생각한 것은 몽상이다. 몽상은 인간이 가지고 있는 여러 정신활동 중의 하나이다. 우리가 어떤 문제에 대해서 집중을 하면서 논리적 해결을 찾는 사색과는 달리, 몽상은 뚜렷한 의지 없이 자연스러운 상상력의 활동에 의해 이루어지는 정신활동이다. 우리가 가끔 멍하게 있으면서 가장 편안한 상태로 공상에 빠져들면서, 그 공상이 어떤 대상이나 주제에 대해 자연스러운 모습으로 전개되어 나갈 때, 우리는 몽상을 하는 것이다. 깨어있으면서 꾸는 꿈(rêve éveillé)의 – 영어로는 Day Dream, 즉 낮에 꾸는 꿈이라 말한다 – 의미를 가지고 있는 이 몽상은 이전까지는 인간의 가장 쓸데없는 정신현상으로 여겨지던 것이다. 지금도 그렇지만 몽상가라는 표현은 항상 현실 감각이 없이 황당한 생각이나 하는, 그래서 현실에 적응을 하지 못하는 사람을 지칭하는 말이었다. 그러나 바슐라르는 이 몽상이야말로 인간의 정서에 가장 중요한 활동이라고 생각한다.

인간은 몽상 속에서 꿈을 꾸고, 그 꿈속에서 상상력이 활동한다. 이 몽상은 완전한 의식의 상태도, 완전한 무의식의 상태도 아니라는 점에서 인간의 독특한 정신활동이다. 밤에 꾸는 꿈이 완전한 무의식의 상태에서 무의식 속의 에너지가 활동하고, 사색은 명료한 의식의 집중상태에서 이루어지는 데 비해서 몽상은 이 두 활동의 중간지대에서 이루어진다. 완전한 무의식 속에서 활동하는 꿈은 정신분석학의 대상일 것이다. 그러나 그것과 근본적으로 다른 몽상은 상상력이 자유롭게 꿈꾸는, 어느 정도까지는 우리의 의식에 의해 방향을 제시할 수 있는 정신활동이다. 바슐라르에 의하면 밤의 꿈과 몽상 사이에는 근본적인 차이가 있다. 밤의 꿈을 꾸는 주체는 자신의 자아를 잃어버린 어둠인데 비해서, 몽상을 꾸는 주체, 즉 몽상가는 몽상을 하는 자신의 자아의 중심에 있고, 생각하는 주체로서의 자신을 유지할 수 있다. 몽상은 그 안에서 의식의 빛이 존재하는 정신활동이다. 몽상가는 자신의 몽상 속에서 존재한다. 때로는 몽상이 현실로부터 벗어난다는 인상을 줄지라도, 몽상가는 자신이 현실에서 벗어나 있다는 사실을 알고 있다.

　바슐라르는 몽상 속에서 이루어지는 상상력의 활동이 갖는 기능을 합리주의적 현실의 세계에 속하지 않는다는 점에서 '비현실의 기능(la fonction de l'irréel)'이라 이름 붙였다. 이 비현실의 기능은 '현실의 기능(la fonction du réel)'과는 전혀 다른 것이다. 현실의 세계와 비현실의 세계는 서로 다른 가치관의 세계로서 존재하기 때문에, 한편을 다른 한편의 기준으로 판단해서는 안 된다. 바슐라르 이전에 이미지와 상상력이 정당한 평가를 받지 못했던 것은 바로 이 비현실의 세계에 속해 있는 가치들을 현실의 잣대로 평가하려 했기 때문이다. 현실과 비현실 이 두 세계는 서로 독립적으로 존재하면서도, 서로를 필요로 한다. 비현실의 세계는 현실 세계의 미래 방향을 제시한다. 비현실의 세계가 없다면 현실 세계는 방향성이 없는 우연성의 세계에 지나지 않을 것이다. 그것은 마치 파일럿 없이 질주하는 자동차와 같은 꼴이다.

반면에 비현실의 세계는 현실세계에 자신의 뿌리를 가지고 있다. 현실 세계가 없다면 비현실의 세계는 성립 자체가 불가능하고, 설사 가능하더라도 그것은 무의미한 공상이나 망상에 지나지 않는다.

상상력의 현상학 : 이미지의 본질을 찾아서

　『대지와 휴식의 몽상』까지 일련의 물질적 상상력에 대한 연구를 끝낸 바슐라르는 9년간의 공백기를 거친 후 1957년에 『공간의 시학』을 출판하면서 새로운 이미지 연구에 돌입하게 된다. 그것은 이미지 연구에 현상학의 개념을 도입한 '상상력의 현상학' 연구였다. 1948년까지의 10여 년 동안의 이미지 연구가 4원소론을 골자로 한 이미지의 분류학이었다면, 이때부터의 연구는 이미지의 본질을 탐구하는 본격적인 존재론의 양상을 띠게 된다.

　바슐라르 스스로가 현상학적 방법론을 도입하였다고 말하고 있는 이 후기 사상의 가장 큰 특징 중의 하나는 인간의 상상 활동 과정 중 '상상하는 주체의 의식'이라는 문제에 커다란 중요성을 부여하였다는 점이다. 즉, 의식의 문제라는 눈으로 이미지를 바라보게 된 것이다.

의식의 문제는 현대 철학의 핵심적인 문제 중의 하나였다. 고대 철학 이래로 의식의 문제는 항상 철학자들의 주된 관심사 중의 하나였으며, 거의 모든 철학자들이 이 의식의 문제를 크게든 작게든 다루어 왔다. 20세기 들어서 등장한 현상학은 새로운 철학적 방법론으로 자리 잡으면서 이 의식의 문제를 인간 인식 활동의 핵심적 요소로 부각시켰다. 새로운 방법론으로서의 현상학의 영향은 주변의 인문사회과학으로 급속히 퍼져 나가게 되었고, 이 점에 있어서 바슐라르가 뒤늦게 현상학에, 특히 의식의 개념에 관심을 가졌다는 것은 그리 특이한 일이 되지 못한다.

그러나 바슐라르의 경우가 '혁명적'이라는 것은 그가 이 현상학적 방법론을 상상력의 활동에 도입한 점에 있다. 그는 현상학을 다른 사람들처럼 인식론적 연구를 위해서 차용한 것이 아니라, 상상력의 활동 자체를 설명하기 위해서 이용한 것이다. 즉, 그는 상상력의 문제에 의식의 문제를 결합시킨 것이다. 그는 "모든 현상학의 목표는 의식의 포착을, 극도의 긴장된 시간 속에서, 드러내는 것이다."라고 말한다. 이런 의미에서, 상상력의 현상학의 목적은 "시적 이미지에 의해 경탄된 주체의 의식의 포착을 명백하게 밝히는 것"이 된다. 그렇기 때문에 바슐라르의 후기 사상에서는, 의식의 위상도 이전과 다를 수밖에 없다.

객관성과 주관성의 문제

　의식에 대한 관심은 무엇보다도 주관성에의 보장을 뜻한다. 이미지란 원칙적으로 우리들 의식의 현상이고, 그럼으로써 주관적 가치를 부여받은 현상이다. 경험과학에 의해 폄하되어 왔던 이 주관적 가치는 객관성의 관점에서는 정당한 평가를 받을 수 없었다. 합리적 인식의 궁극적 목표인 객관성은 주관적 가치들을 인정하지 않아 왔고, 그 결과 오랫동안 주관성은 객관성의 장애물 또는 대립물로 여겨져 왔다. 이때의 객관성이란 주관적이지 않은 것, 모든 주관적인 가치들을 배제한 것을 뜻한다. 그러나 현실적으로 이러한 순수한 가치란 존재하지 않는다.

　만일 객관성이란 것이 주관적인 가치들을 제거하고 남은 것이라면, 주관적 가치들을 제거하기 위한 기준은 무엇인가? 어떠한 기준으로 우리는 주관적인 것과 주관적이지 않은 것을 판정할 것인가? 어떠한 판정도 종국에 가서는 결국 주관적일 수밖에 없다. 이렇게 볼 때 결국 우리가 객관성이라고 부르는 것은 결국 그 시대의 주관성의 또 다른 형태일 뿐이다. 다시 말하면, 주관성이 없다면, 객관성도 존재할 수 없는 것이다. 그러므로 현실적인 객관성의 연구는 주관성의 연구를 통해서만 이루어질 수 있는 것이다.

　이런 맥락에서, 의식의 포착이라는 현상학적 관점은 바슐라르에게 이미지의 현상을 연구하는데 매우 효과적인 것으로 보였다. 왜냐하면 시적 이미지란 주관성의 종합인 것이고, 그렇기 때문에 이 주관성을 존중하는 방법론에 의해서만 연구될 수 있는 것이기 때문이다. "근대의 현상학이 모든 정신(Psyché)의 현상에 합류시키고자 하는 이 의식의 포착이란 것은 우리가 보기에는 흔히 의심스러운 객관성 내지는 잠시 머물다 사라지는 객관성밖에 가지지 못하는 이미지들에게 지속적인 주관적 가치를 부여하는 것처럼 보인다."라고 바슐라르는 말하고 있다.

후설에게 있어서 의식은 인간 정신활동의 주된 모티프이다. 인간의 모든 정신적 활동은 의식과 연결되어 있다고 볼 수 있다. 주체와 대상의 관계, 자아와 세계의 관계, 자아와 타자의 관계, 이 모든 것들은 의식의 상태에 의해 영향을 받는다. 그에게 있어서 의식이란 무엇보다도 지각작용의 의식이다. 의식은 항상 "그 무엇의 의식(une conscience de quelque chose)"이고, 모든 대상은 의식을 위한 대상이다. 그러므로 진정한 인식을 위해서는 대상이 아니라, 이 대상과 의식 간의 관계를 묘사해야 한다. 그래서 실제 작업에 있어서는 이 의식의 변화양상에 대한 극도로 정밀하고도 유연한 묘사가 필요하다. 다만 이 묘사는 실제 의식에 대해 행해져야지, 객관화된 대리물에 대해 행해져서는 안 된다. 그러므로 자연히 이 의식과 대상과의 관계는 자아와 주관성의 관계에 대한 분석을 요구하게 된다.

이러한 현상학적 관점을 재고하게 되면서, 바슐라르는 의식의 중요성을 부각하게 되었고, 이 의식의 관점으로 자신의 사상체계를 재정립하고자 했다. 즉, 그의 이미지 연구에 있어서, 의식이 기본적인 요소가 된 것이다.

그의 상상력 연구에 있어서 의식 이전에 인간 정신활동의 기본요소 역할을 하던 것은 무의식이었다. 이미지의 4원소에 대한 연구에서 바슐라르는 이미지를 지탱하는 힘으로서의 무의식의 중요성에 대해 여러 차례 강조를 해왔다. 그러나 현상학적 방법론을 취하게 되면서부터, 다시 말해 의식의 중요성을 깨닫게 되면서부터, 이미지는 무의식의 영향으로부터 벗어나게 된다. 이에 바슐라르는 무의식에 대한 이미지의 독립성을 선언하게 된다.

"우리는 오히려 순수한 해방, 절대적 승화라는 시적 현상 앞에 있는 것이다. 이미지는 더 이상 사물의 재배 하에 있는 것이 아니고, 무의식의 충동 하에 있는 것도 아니다."(『공간의 시학』)

이러한 바슐라르의 선언은 어째서 그가 현상학의 수용을 '철학적 혁명'이라 불렀는지 이해할 수 있게 해준다. 현상학적 방법론의 적용은 시각의 변화를 의미하고, 이 시각의 변화는 모든 것에 대한 변화를 의미한다. 그것은 객관성 추구의 연구로부터 주관성 추구의 연구로, 인과성 추구로부터 현행성의 추구로, 무엇보다도 무의식의 추구로부터 의식의 추구로의 변화이다.

이러한 관점의 변화는 바슐라르가 4원소론 연구의 시점부터 추구해 오던 인간 존재에 대한 낙관적 확신이 더욱 확고해졌음을 보여주고 있다. 즉, 이제 행복한 무의식이 인간을 행복하게 만드는 것이 아니라, 인간 스스로 행복해지는 것이다. 왜냐하면 우리를 꿈꾸게 하는 것은 더 이상 외적인 요소들이 아니라 우리들 의식의 내적인 힘이기 때문이다. 우리들의 몽상하는 의식에 의해 우리는 무의식이나 외적 대상들의 도움 없이 우리의 몽상을 이끌어 가기 때문이다.

바슐라르가 우리에게 주는 메시지는 분명하다. 우리는 모두 스스로 행복해질 수 있는 힘을 가지고 있다. 왜냐하면 우리는 바로 그렇게 만들어졌기 때문이다. 그것은 인간 존재에 대한 절대적인 확신이다.

몽상의 의식

상상력의 현상학이란 결국 시적 이미지를 창조하고 체험할 때의 이 의식의 문제를 연구하는 것이라 볼 수 있다. 그러나 새로운 이미지를 만들어 내고, 우리로 하여금 몽상을 하게 하고, 이미지의 아름다움을 발견할 때 경탄을 할 수 있게 하는 이 의식은 일반적인 의식의 개념과는 다르다. 사실 의식의 개념은 너무도 많은 것을 내포하고 있어서, 바슐라르가 의식이라는 말로 의도하고자 하는 것을, 의식에 대한 철학 일반의 정의들과는 구별을 할 필요가 있다. 바슐라르가 의식이라는 용어로서 의미하고자 하는 것은 합리성의 의식이나 인식 작용에 있어서의 의식이 아니다.

의식은 주체와 대상의 상호적 관계를 의미한다. 즉, 의식은 주체의 대상에 대한 인식작용의 주된 모티프이고, 대상은 의식에 의해서 주체에게 하나의 참조물이 된다. 이 의식은 사물이나 정신적 기능이 아니다. 그것은 인간 존재의 능력이다. 다시 말해 의식은 인간의 정신적 삶의 역동적이면서도 개인적인 유기적 구조인 것이다. 프로이트에 의해 무의식의 개념이 발견된 이후로, 정신분석학은 의식을, 무의식에 대한 반대명제로서, 인간 정신의 가시적인 부분을 구성하는 요소로 이해하였다. 정신분석학의 의식은 끊임없이 무의식을 억압하면서도 무의식의 충동에 의해 영향을 받는, 인간 정신의 에너지이다. 현상학 쪽에서 보면, 의식은 존재의 한 양태이다. 존재는 의식을 통해 인식작용의 주체가 되고, 자신의 삶의 주인이 된다. 즉, 의식적 존재의 통시적, 공시적 양태들이 주체가 자신과 자신의 세계로부터 취하는 인식작용을 결정짓는 것이다. 그러므로 의식적 존재와 그 생성은 주체의 경험의 형태와 방향을 구성하는 것이다. 이렇듯 모든 정신적 활동이 의식의 차원에서 이루어진다는 사실 때문에, 의식은 흔히 인간 정신의 총체로 취급되어진다.

이러한 의식의 일반적 개념에 비해, 바슐라르는 의식의 개념을 그것의 일반적 의미가 아닌 특수한 의미로 사용하였다. 즉, 바슐라르가 사용한 의식의 개념은 철학 일반의 잣대로는 취급할 수 없는 특수한 의식이다. 그것은 정신분석학에서 말하는 무의식의 반대 명제도 아니고, 현상학 일반에서 말하는 인식의 주체도 아니다. 그것은 우리가 명상을 할 때의 의식처럼 명확한 것도 아니고, 우리의 정신상태 전체를 지배하지도 않는다. 그것은 정신분석학에서 말하는 무의식과는 충분히 구별될 정도의 명확성을 가지고 있지만, 데카르트나 현상학에서 말하는 의식 같은 철학일반의 의식의 개념과 같이 분류되기에는 너무도 미묘하다. 그것은 차라리 영혼의 묘사라 할만하다. 지정학적 개념을 차용하자면, 바슐라르의 의식은 "정신분석학적 무의식과 현상학적 의식의 중간지대에 위치하고 있다."라고 말할 수 있다. 그것은 현실 세계에 속하는 것도, 비현실 세계에 속하는 것도 아니다. 그것은 이 두 세계 사이에서 작용하지만, 이 두 세계 어느 쪽도 그의 활동을 구속할 수는 없다.

이러한 의식은 명확한 존재의 의식이 아니다. 그렇지만 아무것도 없는 상태(le néant) 또한 아니다. 그것은 차라리 존재가 형성되기 직전의 영혼의 상태이다. 그것은 존재 이전의 상태가 존재하기 위해 시도하려는 상태이다. 이러한 영혼의 상태 속에서는 존재와 비존재의 대립은 더 이상 존재하지 않는다. 논리적 대립의 문제도 아니다. 간단히 말하자면 바슐라르의 의식은 존재(l'être)의 아래에, 무(le néant)의 위에 위치하고 있는 영혼의 상태이고, 존재하려고 시도하는 인간의 모든 떠오름이다. 합리적 의식과 무의식의 사이에 위치하고 있는 의식, 현실 세계와 비현실 세계의 매개지대를 탐색하는 의식, 끊임없이 시적 몽상을 유발하는 의식, 존재 이전의 상태로부터 나오는 의식. 이러한 의식은 기존의 철학적 의식의 개념으로는 설명될 수 없는, 새로운 카테고리로 분류될 자격이 있는 의식이다. 이것은 몽상의 의식(la conscience rêveuse)이라 불리울만한 새로운 의식의 모습이다.

몽상은 수면 상태로의 퇴행이 아니다. 몽상의 연장이 밤의 꿈이 되는 것도 아니다. 몽상과 꿈의 차이는 정도의 문제가 아니다. 왜냐하면 우리는 몽상의 경계를 넘어서 꿈의 지대로 들어가는 것이 아니기 때문이다. 몽상은 꿈으로 들어가기 위한 준비 단계도 아니고, 반수면 상태도 아니다. 꿈과 몽상은 몽환적이고 비현실적인 현상의 변이형으로 오랫동안 같이 취급되어 왔지만, 꿈과 몽상 사이에는 엄밀하게 말해 어떠한 연속성의 관계도 없다. 꿈과 몽상은 전혀 다른 두 개의 정신 현상인 것이다. 간단히 말하자면, 꿈은 무의식의 활동에 속하고, 몽상은 생각하는 자아(cogito)의 활동에 속한다.

"밤의 꿈과 몽상 사이에 존재하는 근본적인 차이, 현상학의 영역에 속하는 차이가 있다. 밤의 꿈을 꾸는 사람은 자신의 자아를 잃어버린 어둠인데 비해, 몽상을 하는 몽상가는, 그가 약간 철학적이라면, 자신의 꿈꾸는 자아의 중심에서, 코기토(cogito)를 형성할 수 있다. 다시 말해, 몽상은 의식의 빛이 그 안에 존속하고 있는 정신 활동이다. 몽상가는 자신의 몽상 안에 있다. 몽상이 현실, 시간, 장소 밖으로의 탈출

이라는 인상을 주는 경우라 할지라도, 몽상가는 탈출하는
것이 자기 자신(육체로서의 자신)이고, 과거나 여행의 유령
인 '영혼'이 되는 것도 자신이라는 것을 알고 있다."(『몽상
의 시학』)

몽상이 상상력의 활동 장소가 되는 근본적인 이유는 몽상
속에 특수한 힘이 존재한다는 사실 때문이다. 우리의 몽상이
자신이 택한 대상과 이미지가 결합되도록 만드는 힘은 바로
'몽상의 의식'의 힘이다.

"위대한 몽상가들은 빛나는 의식의 주인들이다. 일종의
복합적인 코기토가 시라는 한정된 세계 속에서 쇄신된다.
시의 전체성을 파악하기 위해서는 아마도 또 다른 의식적
힘이 필요할 것이다."(같은 책)

몽상 속에는 언제나 이미지의 근원에서 활동하고 있는 의
식이 있다. 의식이 존재하지 않는 몽상은 더 이상 몽상이 아니
다. 의식은 몽상을 지탱하고, 방향을 인도해 준다. 그 의식은
우리들의 정신 상태를 항상 깨어있도록 유지시켜 준다. 다시
말해, 몽상 속에서 우리가 깨어있을 수 있도록 해주는 것은 우
리들 존재의 '몽상의 의식'의 힘인 것이다. 몽상 속에서 의식
은 결코 그 활동을 멈추지 않는 생생한 활동이다. 그것은 우리
의 존재를 지켜주며, 우리가 길을 잃지 않도록 해준다. 몽상의

의식의 정지는 몽상 속의 존재의 죽음을 뜻한다. 몽상의 의식은 시적 이미지를 만들고 키워나간다. 그것은 이미지를 창조하고, 우리가 그것을 충만하게 체험할 수 있도록 가치를 부여한다.

바로 이러한 과정을 통해 시적 몽상은 태어나고 자라는 것이다. 그러므로 몽상의 성장은 곧 우리들 의식의 성장이고, 우리들 존재의 성장이다. 바슐라르에게 있어서 의식은 언제나 커져가는 의식이고, 우리의 존재를 크게 만드는 의식이다.

"우리에게 있어서, 모든 의식의 포착은 의식의 커짐이고, 빛의 증가이고, 정신적 일관성의 강화이다. 의식의 빠름 혹은 즉각성은 우리에게 그 성장을 감출 수도 있다. 그러나 모든 의식의 포착에는 존재의 자라남이 있다."(같은 책)

몽상가의 코기토

몽상 속에서의 대상은 상상되어진 대상이고, 꿈꾸어진 대상이다. 몽상가의 의식은 이 꿈꾸어진 대상들을 찾아내고 그들과 상호적인 관계를 유지한다. 이것이 바슐라르적 상상세계의 주목할 만한 점이다. 바슐라르적 몽상의 세계에서는 몽상가의 코기토는 스스로 고립되어 있거나 닫혀있는 존재가 아니다. 그 코기토는 항상 자신의 행복을 남과 공유하기를 원하는 행복한 존재이다. 그것은 항상 꿈꾸어진 대상들을 찾아 자신을 감싸도록 하고 그 안에서 휴식을 취한다.

이러한 몽상의 상태에서는 주체와 대상의 대립은 더 이상 존재하지 않는 것이다. 이제 몽상가는 더 이상 주체도 아니고 대상도 아닌 것이다. 그는 주체와 대상의 융합이다. 우리로 하여금 새로운 이미지의 출현을 알아볼 수 있도록 하고, 행복한 세계를 발견할 수 있도록 하는 것은 바로 이러한 주체와 대상의 융합이다.

"몽상가는 자신의 편안한 존재와 행복한 세계의 이중의 의식이다. 그의 코기토는 주체와 대상의 변증법 속에 분리되어 있지 않다."(같은 책)

우리들의 상상력의 원천적 힘이 되는 몽상가의 코기토는 상상하는 의식(la conscience imageante)의 또 다른 표현이다. 상상하는 의식은 새로운 이미지의 출발점에 위치하고 있다. 왜냐하면 새로운 이미지들은 상상하는 의식의 창조성으로부터 태어나기 때문이다. 상상력의 현상학이란 시적 이미지의 본질적 새로움에의 접근이라 볼 수 있다. "이 창조성에 의하여, 상상하는 의식은, 아주 단순하게 그러나 매우 순수하게, 하나의 원천이 된다."(『공간의 시학』)

사실, 상상력의 현상학의 실질적인 작업은 이 상상하는 의식에 의해 태어난 시적 이미지의 원천적 가치를 찾는 것에 다름 아니다. 이러한 의미에서, 몽상가의 코기토는 이 상상하는 의식의 실현이다. 그것이 언어와 연결될 때, 몽상가의 코기토는 시를 창조하고 감상하는 의식이 된다. 미묘한 몽상의 의식의 특징들이 장점들이 되는 것은 바로 이 점에 있어서이다. 시적 의식으로서 몽상가의 코기토는 언어를 통해 나타나는 이미지에 의해 흡수된다. 시적 이미지와 함께, 그것은 시의 창조속에서 새로운 이미지가 되는 새로운 언어를 말한다. 이러한 실현은 몽상의 의식이 순진한 의식, 다시 말해, 영혼(âme)과 연결된 의식이기 때문이다. 바슐라르는 이미 이 영혼과 연결된 의식이 "정신의 현상들에 연결된 의식보다 더욱 이완되어 있고, 덜 지향성을 띤다."(같은 책)라고 말하고 있다.

영혼의 의식은 정신의 긴장으로부터 전적으로 자유로운 의식이다. 그것은 우리들의 상상력이 꽃 피는 것을 도와주고, 이완된 의식의 자유로운 활동 속에서 새로운 이미지들이 태어난다.

외견상으로 본다면, 몽상가의 코기토는 불가피하게 고독한 의식이다. 그것은 고독한 영혼의 의식이다. 그러나 이러한 사실이 몽상가의 코기토가 고립되어 있는 의식이라든가, 무기력한 의식이라는 것을 뜻하는 것은 아니다. 그와는 반대로, 몽상가의 코기토는 항상 활발한 활동을 하는 의식이다. 고독은 정신활동의 정지를 뜻하는 것은 아니다. 자신의 고독 속에서, 고독한 영혼은 자신의 고유하면서도 복합적인 우주를 구성하는 것이다. 그 복합적인 우주가 무한한 상상의 세계를 만드는 것이다. "한 영혼이 자신의 고독 속에 잘 갇혀지게 되자마자, 모든 인상들은 우주적인 사건이 된다. 아마도, 그 다음으로는, 활발히 끓어오르면서, 그의 복합적인 우주들은 복잡한 세계를 만들 것이다."(『꿈꿀 권리』)

이 상상의 세계는 자신의 복잡한 외형에도 불구하고, 자신의 강렬함을 간직한다. 그것은 우리에게 실제적인 영향을 끼치는 특수한 현실이다. 이 상상의 세계 속에서, 몽상가의 코기토는 점점 더 활발해지고, 기존의 이미지를 역동화한다. 그 결과로 새롭게 태어나는 이미지들이 우리들의 존재를 변화시키는 것이다.

상상력과 문학비평

바슐라르에게 있어서 독서는 작가와 독자라는 두 의식의 만남이다. 시적 이미지의 매개를 통하여, 독자는 작가의 의식을 마주한다. 작가의 창조적 의식과의 커뮤니케이션은 의식의 차원에서만 가능하기 때문이다. 바슐라르의 관점에서 본다면, 시인은 자신의 몽상을 묘사할 수 있는 명확한 시적 몽상을 소유하고 있는 행복한 존재이다. 그는 자신에게 다가오는 이미지를 어떻게 묘사해야 하는지를 알고 있다. 그 이미지들은 시인의 마음에 드는 이미지들인데, 그것은 바로 시인 자신이 몽상의 절대적 자유로움 속에서 창조해낸 이미지들이기 때문이다. 시를 쓴다는 것은 시인이라는 몽상하는 존재의 작업이고, 동시에 시인의 시적 몽상의 작업이다.

문학은 시인으로부터 독자에 이르는 의식의 흐름이다. 우리가 텍스트를 읽을 때, 독서는 '시의 표현으로부터 창조자의 의식으로의' 여행이 되는 것이다. 이러한 '작가의 창조적 의식과의 커뮤니케이션'은 독자의 역할의 전도를 뜻한다. 이 전도를 통해 독자는 '시적 표현으로부터 창조자의 의식에' 도달하게 된다. 그리하여 독자는 더 이상 작가의 삶의 궤적을 뒤좇는 사람이 아니라, 작가의 의식을 추적하는 사냥꾼이 된다. 그에게 있어서 책은 더 이상 물질적 대상이 아니다. 책은 작가의 의식을 담고 있는 전달 매체인 것이다. 즉, 우리가 어떤 책을 읽을 때, 그것은 더 이상 단순한 대상이 아니라 타인의 의식을 담고 있는 실체가 된다. 이러할 때 독서는 단순한 정보의 전달 행위가 아니라 '새로운 현상이 된다. 그것은 작가와 독자의 의식 사이에서 일어나는 현상이다. 독자의 의식은 작가의 의식을 뒤좇게 된다. 그러나 이때 독자의 코기토가 작가의 코기토가 행한 것을 그대로 답습한다는 것을 의미하는 것은 아니다. 비록 독자의 의식은 작가의 의식이 제공한 자료로부터 출발하지만, 독자의 코기토는 자신의 의지에 따라 자신의 길을 간다. 즉, 독자는 시인의 시에 대하여 작가와 동일한 창조적 의식의 권위를 가지고 몽상을 하게 되는 것이다. 이러할 때 독자는 작가와 동일한 경지에 놓이게 된다. 이제 작가와 독자의 관계는 더 이상 수직적인 것이 아니라, 수평적인 것이 된다.

바슐라르가 말하는 상상력의 현상학자란 독서를 통해서 자신의 시적 의식을 발견하는 몽상가를 말한다. 그의 의식은 언제나 이미지들에 대해 열려있고, 그의 영혼은 언제든 아무리 단순한 시적 이미지들이라도 모두 받아들일 준비가 되어 있다. 독서를 통해 그는 존재의 고양을 체험하는 것이다. "현상학자는 책 속에 잠들어 있는 수많은 이미지들을 만날 때 자신의 시적 의식을 깨어나게 할 수 있다."(『몽상의 시학』) 이와 같은 바슐라르의 이미지를 통한 의식의 포착은 모든 비평의 방향을 돌리게 하는 새로운 비평의 길을 열었다.

"가스통 바슐라르의 예외적인 장점은 거의 모든 비평들이 돌보지 않던 분야에서 새로운 의식의 포착과 새로운 비평을 세웠다는 것이다.…… 그의 이전에는 최소한 정신분석학적 비평과 막시즘 비평을 제외한 거의 모든 비평 분야에서 의식은 가장 비물질적인 것이었고, 이 의식의 비물질성이야말로 구체적으로 탐구해 나갈 필요가 있는 것이었다. 그렇지만 바슐라르의 등장으로 인해서 마치 의식을 그것에 중첩해 놓여 있는 이미지들의 층들을 통하지 않고 인식하는 것이 어려워진 것처럼, 더 이상 의식의 비물질성을 언급하는 것이 불가능하게 되었다. 바슐라르에 의해 이루어진 혁명은 이와 같이 코페르니쿠스적이다. 바슐라르 이후에, 의식의 세계, 그리고 그것의 결과인 시와 문학의 세계는 더 이상 그 전과 같지 않게 되었다. 그는 지그문트 프로이트 이래로 가장 위대한 정신적 삶의 탐구자이다. 그러나 그가 나아간

길은 프로이트의 길과는 전혀 다르다."(조르쥬 풀레, 『비평
의식』)

바슐라르 이후로 문학 비평은 더 이상 텍스트 설명이나 텍
스트 속에 숨어 있는 비밀을 밝혀내는 작업이 아닌 것이 되었
다. 비평은 이제 작품이라는 수수께끼의 해독 작업이 아니라
텍스트를 통한 작가와 독자의 공감이다. 작가에 의해 쓰인 텍
스트는 독자에게 몽상의 모티프를 제공해 준다. 독자는 작가
가 제공해준 작품이라는 대상으로부터 자신의 의지에 따라 몽
상의 길을 떠난다. 동일한 몽상 속에서 이 두 의식들이 체험하
는 것은 동일한 상상력의 힘이다. 작가와 독자는 동일한 꿈을
뒤좇는 것이다.

문학비평의 실전적인 측면에서 볼 때, 바슐라르의 메시지는
"잘 읽고, 잘 꿈꾼다."라는 표현으로 요약될 수 있다. 그러나
이러한 표현은 언제나 참이기는 하지만 구체적인 방법론으로
서는 지나치게 모호하다. 절대적으로 개인적이고 또 그렇기
때문에 주관적인 몽상은 근본적으로 객관화되기에는 어려움
이 있기 때문이다. 주관적인 몽상을 단순한 망상 또는 뿌리 없
는 판타지들과 구별해 내는 데는 어려움이 많다. 이러한 문제
를 해결하기 위해서는 비평가로서 자신의 몽상이 올바른 길을
가고 있다고 믿는 것만으로는 충분하지 않다. 근거가 없는 믿
음이란 결국 인상주의에 지나지 않기 때문이다. 이점에서 우
리는 본질적인 문제와 부딪히게 된다. 즉, 단순한 인상주의와

몽상에 기반을 둔 주관성을 어떻게 구분하느냐 하는 것이다. 이 문제에 대한 바슐라르의 대답은 '자신에게 충실하기'이다.

인상주의는 사물의 겉만을 받아들인다. 그러나 바슐라르는 몽상을 통하여 사물의 내면을 들여다보기를 원한다. 인상주의는 자신에게 최초로 전달되는 정보를 중요시한다. 그것은 다음 정보를 기다리지 않고 판단을 내린다. 그러나 바슐라르는 최초의 인상을 받아들이지 않는다. 그는 오히려 최초의 인상이 사라지기를 기다린다. 혜안의 눈을 가진 몽상이 시작되는 것은 이 최초의 인상이 걷힌 다음이다. 인식의 오류를 경계하기 때문이다. 이 혜안은 사물의 깊이를 보고자 하는 눈이다. 몽상가의 혜안은 최초의 경험이 지나간 후라야만 제대로 볼 수가 있다. 그것이 바로 바슐라르가 이중의 독서를 우리에게 권하는 이유이다. 문학적 몽상의 활동은 텍스트를 충실하게 다시 읽을 때에만 비로소 시작되기 때문이다. 진정한 문학은 두 번째 독서에 있다고 바슐라르는 말하고 있다. 바슐라르는 말년에 자신을 '나쁜 문학 선생'으로 자처했다. 그러나 이 역설적인 표현에서 우리는 얼마나 큰 문학가의 모습을 보는가!

이미지와 상상력의 현대적 의미

　바슐라르가 새로운 생명을 부여한 이미지와 상상력은 오늘
날의 현대 사회를 이해하는 새로운 시각을 제공해주고 있다.
현대 사회에서 가장 많이 접하게 되는 용어 중의 하나가 바로
이미지라는 말일 것이다. 우리는 아침에 눈을 뜨면서부터 저
녁에 잠자리에 들 때까지 넘치는 이미지의 홍수 속에서 살고
있다. 영화, 텔레비전, 현란한 광고물 등 수많은 이미지들이
우리의 눈을 현혹시킨다. 더욱이, 과학 기술문명의 첨단이라
할 수 있는 디지털 정보화 기술은 이미지들의 신속한 생산과
유포를 더욱 용이하게 해준다. 그래서 우리는 우리가 살고 있
는 현대를 '정보·이미지 시대'라고 규정하기도 한다. 그런데
이러한 이미지는 과연 무엇일까? 우리는 우리가 매일 접하고

있는 이 이미지들에 대해서 얼마나 알고 있는 것일까?

사실 이미지란 한마디로 정의 내릴 수 없는 성격의 인간 정신활동의 특수한 현상이다. 이미지는 구체적 현실도, 막연한 개념도 아니다. 이미지는 그것을 보는 관점에 따라 각기 다른 의미와 분류를 가질 수 있는데, 그것은 이미지가 어떤 대상에 대한 의미를 규정한 것이 아니라 대상을 감각적으로 재현해 낸 것이기 때문이다. 이미지를 이해한다는 것은, 이미지를 간접적으로 이해하는 것이고, 이미지의 심층으로 침투하는 것이며, 그 의미의 여러 차원을 해석하는 것이다. 이미지를 이해하기 위해서는 무엇보다도 이미지의 의미를 속단하기보다는 그것이 가지고 있는 잠재적 의미를 포착해내야 한다. 간단해 보이면서도 실제적으로는 대단히 복합적으로 이루어져 있는 것이 이미지이기 때문이다. 그것은 이미지 관련 용어들이 수도 없이 다양하다는 것을 보아도 알 수 있다.

이러한 이미지는 그 특성에 따라 다양하게 분류할 수 있는데, 이미지의 분류는 연구자의 시각에 따라 기준이 크게 다르기 때문에 어떠한 절대적인 기준은 있을 수 없다. 그러나 편의상 분류를 하면 가장 큰 범주로서, 그 생성과 발현에 있어서 인간의 감각기관과 밀접한 연관을 갖는 이미지들, 즉 감각적 이미지와, 좀 더 원초적인 형태로서 인간의 의식 활동의 기제로서의 이미지, 즉 정신적 이미지로 나눌 수 있을 것이다. 물론 이러한 구분은 어느 정도 자의적이기도 하고 이 큰 테두리의 하위 구분으로서 다양한 이미지들의 구분이 가능하다. 그러나 우리는 여기서는 가장 큰 테두리인 감각적 이미지와 정신적 이미지만 생각하기로 하자. 이와 같은 감각적 차원의 이미지와 정신적 차원의 이미지의 구분은 서양뿐만 아니라 개념은 약간 다르지만 동양에서도 마찬가지이다. 중국에서는 이미지를 뜻하는 상(像)의 개념을 도상(圖像), 의상(意像), 상상(想像) 등으로 구분하고 있다. 우리나라에서도 오래 전부터 영상(映像)이라는 개념과 심상(心象)이라는 개념을 구분하여 사용하고 있다.

감각적 이미지와 시각 이미지

감각적 이미지는 우리 몸의 오감(시각, 청각, 촉각, 후각, 미각)이 이미지의 형성과 인식에 참여하는 이미지들이다. 우리의 인식 과정을 보면, 인식하는 주체 외부의 모든 대상은 지각을 통해서 인식의 대상이 된다. 모든 대상은 우리 몸의 오감 중의 하나를 통하여 의식에게 하나의 현상이라는 정보로서 제공되고, 의식은 그것을 판단하는 과정을 거친다.

이 과정에서 이미지도 예외는 아니다. 하나의 대상으로서의 이미지는 오감 중의 하나의 감각을 통하여 의식에 접근하게 되고 의식은 그 대상으로서의 이미지의 의미를 파악하든지, 새로운 가치를 부여하든지 하는 것이다. 이러한 과정은 이미지의 파악이 아닌 생성의 과정을 생각해 보면 훨씬 복잡하다. 왜냐하면 우리 몸의 감각은 단순한 외부 정보의 수신 체계가 아니라 우리 존재의 일부를 구성하고 있기 때문이다. 즉, 우리가 감각을 통하여 이미지를 파악한다고 할 때 이미 우리의 감각 자체가 구체적인 이미지의 생성에 참여하고 있는 것이다. 이미지의 생산에는 우리의 몸 전체가 참여하고, 시각, 청각, 촉각, 후각, 미각은 자극에 대한 생물학적인 반응만 보이는 것이 아니라 주체의 경험과 더불어 가치부여작용에 적극적으로 참여한다. 이 과정에서 생성되는 감각적 이미지들은 우리 몸의 경험이 바탕이 되는 이미지들이기 때문에 무엇보다도 직접적이고 구체적이다.

감각적 이미지는 각각의 감각에 따라 시각적 이미지, 청각적 이미지, 촉각 이미지, 후각 이미지, 미각 이미지로 구분될 수 있다. 이 중에서 가장 직접적이고도 구체적인 이미지는 물론 시각적 이미지이다. 시각적 이미지는 그 구체성과 접근 용이성으로 인해 감각적 이미지뿐만 아니라 모든 이미지의 대표 격으로 인식되는 경향이 있다. 즉, 우리의 감각들 중에서 이미지와 가장 직접적인 연관을 갖는 것은 시각이기 때문에 이미지는 곧 시각적 이미지라는 고정관념이 나온다.

물론 우리의 오감 중에서 시각이 가장 큰 기능을 하고, 이미지의 성격상 시각적 이미지가 가장 최후의 형태가 되기 때문에 "이미지는 곧 시각적인 것이다."라는 도식은 큰 틀에서 보아 틀린다고 할 수는 없지만, 그러한 성급한 단정은 이미지가 가지고 있는 특성의 대부분을 없애버리는 일이 된다. 일반적으로 이미지라고 하면 이미 생성되어 사람들에게 제시되는 결과물을 연상하기 때문에 시각적 이미지가 감각적 이미지들 중에서 두드러지는 것이 사실이다. 그러나 시각이란 주체가 외부의 정보를 습득하는 신체의 여러 채널 중의 하나라는 것을 생각하면 시각 이외의 다른 감각들도 동등한 지위를 가지고 있다는 것을 알 수 있다.

시각 이미지는 이미지의 재현성에 대한 특징이 두드러지기 때문에, 이미지 창조의 주체로 하여금, 이미지 생성의 본말을 오해하게 만들기도 한다. 즉, 이미지를 만드는 근본적인 힘은 인간이 가지고 있는 상상력인데, 시각 이미지들의 지나친 범람은 상상력을 단순히 주어진 대상에 대한 지각을 재현하는 능력 정도로 생각하게 만드는 것이다. 더 나아가 우리의 상상력을 움직이는 원동력이 상상하는 주체의 자아에 있는 것이 아니라 감각에 있다는 오해를 불러일으키기도 한다. 이러한 시각적 이미지는 주체의 자아성찰 기능을 정지시키기 때문에 주체 자신을 스스로 낯선 존재로 만든다. 이러한 자아 정체성의 혼동이 반복될 때, 우리는 이 세계와의 올바른 관계를 정립하지 못하고 폐쇄적인 시각을 갖게 되는 것이다.

또 다른 시각 이미지의 문제점은 주관적 반응의 성급한 객관화이다. 즉, 시각적 이미지는 주관적 정서의 반응에 불과한 것을 주체로 하여금 가장 확실한 객관적 사실로 여기게 하는 위험성이 있다. 시각이란 가장 직접적인 감각이기 때문에 "눈으로 보아야만 믿는다."라는 말처럼, 사람들은 시각에 원래의 가치 이상의 절대적 권위를 부여한다. 그러나 시각에 의한 정보 수집은 사실 가장 원초적이고 이해가 직관적이다 뿐이지, 그것에 대한 객관성은 보장되어 있지 않다. 그럼에도 불구하고 시각에 의해 인식된 대상은 아무런 검증과정 없이 진리로서 인정받는 것이다. 이미지는 항구불변의 것이 아니라 끊임없이 변화하는 것이기 때문에 재현 이미지로서의 시각적 이미지도 주체가 의식하지 못하는 사이에 서서히 변화한다. 그 결과 시각적 이미지에 기반한 주체의 확신도 자신이 모르는 사이에 변화해 가는 것이다. 이 경우 대부분 현실과 유리된 비현실적, 관념적인 형태를 띠게 되며, 개인의 무의식적 욕망이 이끄는 방향으로 변화하게 된다. 예를 들어, 사랑하는 연인들이 서로 떨어져 있는 동안 상대방에 대한 미화된 이미지를 가지게 되고, 혐오하는 대상에 대한 이미지가 갈수록 추하게 변하는 것이 그러하다.

이렇게 시각적 이미지에 의해 잘못된 인식은, 잘못된 확신과 믿음을 낳게 되고, 그것이 사회적 차원의 문제라면 잘못된 이데올로기를 강화하는데 악용될 수도 있다. 주체적 판단의 과정을 거치지 않고 외부로부터 주어진 이미지를 통한 의견이나 판단력, 믿음 등을 자신의 확고한 의견이나 믿음으로 착각하게 되면, 결국 현실과 자아에 대한 올바른 성찰과 비판 능력을 상실하게 된다.

이미지는 고정 불변의 것이 아니라 항상 변화하는 것이기 때문에, 어느 한순간의 이미지의 특성은 있을 수 있지만, 그 특성이 영원히 지속된다고 볼 수는 없다. 또한 이미지는 단일한 성격을 가진 단일한 실체가 아니기 때문에 감각적 이미지라 할지라도 꼭 어느 한 감각의 성격만을 가지고 있는 것은 아니다. 우리의 오감 중 복수의 감각이 결합된 이미지가 존재할 수 있고, 또 어느 한 감각적 이미지에서 다른 감각적 이미지로 전이되는 것도 가능하다.

정신적 이미지와 상상력

현실적으로 이미지는 우리의 정신 활동의 과정과 밀접한 연관을 가지고 있다. 이미지는 단독으로 존재하는 하나의 실체가 아니라, 우리의 의식에 노출되어 끊임없이 변형되고 새로운 가치를 부여받는 대상이다. 다시 말해 이미지는 그것에 가치를 부여하는 주체의 존재 없이는 스스로 의미를 갖지 못하는 매개체이다. 감각적 이미지의 경우는 이러한 주체의 가치부여가 비교적 명확하게 드러나 있는 반면에, 감각적 이미지 이외의 대부분의 이미지는 그 성격이 명확하게 드러나지 않는다. 그것은 우리 인간의 정신활동 자체가 직접적으로 측정할 수 있는 성격의 것이 아니기 때문이다. 그러나 프로이트가 밝힌 것처럼 인간의 정신활동의 대부분이 의식의 세계가 아닌 무의식의 세계에 의해 영향을 받는 구조를 가지고 있듯이, 이미지도 구체적인 형태가 완성되지 않은 비정형 상태로 활동하는 이미지들이 있으며, 오히려 이 비정형의 이미지들, 즉 감각적 이미지 이외의 이미지들이 이미지 세계의 더 큰 부분을 구성하고 있다. 이와 같이 객관적 형태에 이르지 못한 심리적·정신적 영역의 이미지들을 정신적 이미지라고 부를 수 있다.

이 정신적 이미지는 의식 활동의 결과로서 나타나는 모든 정신 활동들 중에서 가장 근본적이고 넓은 범위를 가지는 영역에 해당한다. 정신적 이미지는 이성의 활동을 포함하여 모든 인간의 정신활동의 모태가 된다. 이 이미지는 정형화되어 있지 않고, 활동 유형이 고정되어 있지 않은 일종의 정신적 가치들의 집합체이다. 그러므로 정신적 이미지는 비정형적인 가치체계로서 다루어야지, 구체적인 실체로서 다루어서는 안 된다.

이러한 의식과 연결된 정신적 이미지는 사실 감각적 이미지까지도 포함하는 좀 더 포괄적인 개념이다. 그것은 시각적 이미지처럼 구체적인 형태를 띠지 않더라도, 인간 정신활동이 보여주는 여러 현상들의 근원으로서의 상상력의 활동과 직접적으로 연결되어 있다. 사실 이미지(image)와 상상력(imagination)이라는 말의 어원이 보여주듯이, 이미지는 상상력의 활동의 최종 결과물 중의 하나이다. 우리가 시각적 이미지만 놓고 볼 때 두 개념이 서로 상이한 것처럼 보이지만, 정신적 이미지의 차원에서 본다면 인간의 상상력에 의한 사고방식이나 행동 양식, 그리고 거기에서 파생되어 나오는 일상생활의 모든 상징적인 흔적들, 즉 상상계(l'imaginaire)의 모든 것이 이 정신적 이미지들과 연결되어 있음을 알 수 있다.

상상력이란 용어는 인간 정신 활동의 결과물이라 할 수 있는 이미지를 만들어 내는 능력 전반을 가리키는 용어이다. 그러나 이 두 용어의 사용은 그 인과 관계에도 불구하고 오늘날 개별적 개념으로 사용되는 형편이다. 이것은 '이미지'라는 개념이 가지고 있는 시각적 특성, 즉 시각적 이미지의 인상이 너무 강하기 때문이다. 인간의 시각을 통해 인식되는 시각적 이미지는 오랜 세월 동안 유일한 이미지로서 인식되어 왔다. 그결과 이미지는 곧 그림이라는 도식이 성립되었고, 시각적 이미지의 창조 이외에 더욱 많은 것을 담고 있는 상상력과도 분리되어 사용되어 왔다. 그러나 이미지는 인간의 상상력이 만들어내는 결과물이고, 시각적 이미지는 이미지가 가지고 있는 특성들 중의 일부에 지나지 않는다. 시각적 이미지와 구별하기 위해서 정신적 이미지라는 용어를 사용하지만, 사실 이 정신적 이미지라는 용어는 인간의 상상력에 의한 활동 전반을 내포하는 넓은 개념이다. 감각적 이미지에 비해 구체적인 형태를 띠기 이전 상태인 이 정신적 이미지는 감각적 이미지로 변화해 가기 이전 단계의 이미지들이라고 볼 수도 있지만, 그것보다는 감각적 이미지들의 근원을 이룬다고 보는 것이 나을 것이다. 이 정신적 이미지들은 인간의 상상력의 활동 자체이고, 의식의 흐름 자체이다.

정신적 이미지가 시각적 이미지와 근본적 차이를 보이는 특성은 정신적 이미지는 고정되어 있지 않고 항상 새로운 이미지(nouvelle image)로 변화되어 간다는 것이다. 새로운 이미지란 그 이전의 자신의 모습과는 다른 이미지를 뜻한다. 이 새로운 이미지는 바슐라르가 가장 공들여 우리에게 역설하던 중요 개념 중의 하나이다. 바슐라르에 의하면 어떠한 경로를 통해서든 한번 생성된 이미지는 다음 번 경험에는 이미 기존의 이미지가 된다. 이미지는 다시 접할 때마다 항상 새로운 모습으로 변화하기 때문이다. 이때의 이미지는 이미 그 이전의 이미지가 아니다. 예를 들어 나로서는 수십 번 보아서 이미 식상해진 이미지가 그것을 처음 보는 사람에게는 얼마든지 감동을 줄 수 있다. 또 이전에 이미 감동을 체험했던 이미지라도 다시 보면 새로운 감동을 줄 수도 있다. 이것은 우리가 동일한 주어진 현상으로부터, 그 강도의 차이든 전혀 다른 것이든, 새로운 경험을 만들어내기 때문이다. 이러한 새로운 이미지의 가치는 그것을 형성하는 상상력의 힘으로부터 나온다. 바슐라르 이전까지의 상상력에 대한 연구는 인간이 기존에 경험했던 현실을 재현해내는 능력으로서의 상상력에 대한 관심으로부터 시작되었다. 그것은 그동안의 상상력에 대한 가치 폄하의 원인이 되기도 하였다. 그러나 바슐라르에 의해 상상력이 단순한 재현적 이미지를 유도해 내는 능력이 아니라 새로운 이미지를 창조해 내는 능력이라는 것이 밝혀지고 난 후부터 상상력은 단순한 인간 능력의 일부가 아니라, 모든 인간 능력의 창조적 원동력이라는 시각이 등장하게 되었다.

상상력이 창조의 원동력이 된다는 사실은 새로운 이미지가 모든 창작활동의 출발점이라는 것을 생각해보면 명확하다. 앞에서 말한 것처럼 이미지는 고정된 것이 아니라 항상 변화하고 진화해 나간다. 이것이 가능한 것은 그 이미지를 형성하는 상상력이 우리 내부에서 항상 역동적으로 활동하고 있기 때문이다. 실제 인간의 정신 현상인 이미지와 상상력은 '하나의 이미지에 하나의 상상력'이라는 단순한 일차적 관계가 아니다. 이미지들은 끊임없이 생성, 변화되면서 복합적인 다층구조를 형성하게 되고, 그 다층구조를 가로지르면서 서로 영향을 미치게 된다. 상상력은 끊임없이 변화하는 이미지라는 복합 구조체를 총괄하는 원동력인 것이다.

언어와 이미지

인류의 역사를 통해 오랫동안 이미지는 언어에 종속된 것으로 인식되어 왔다. 이미지라는 것은 언어로 표현할 수 없는 것을 표현하는 수단, 또는 언어에 의한 표현을 효율적으로 대체하는 수단 정도로 인식된 것이다. 더구나 구텐베르크에 의한 문자 혁명 이후로 언어의 표현양식인 문자가 정보 소통의 주요한 매체로 자리하게 되었고, 이미지에 대한 평가는 갈수록 축소되게 되었다. 즉, 문자가 대중화되어 감에 따라 이미지는 언어의 보조 수단 정도로 인식되었고, 이미지는 언어의 대체 수단이라는 인식이 보편화된 것이다.

인간의 정신활동은 그 구현 양태에 있어서 언어라는 도구를 사용하게 된다. 이것은 언어를 통하지 않고서는 인간 정신활동의 결과가 전달될 수 없다는 것이 아니라, 정신활동 자체에 언어의 개념이 들어있다는 뜻이다. 메를로 퐁티는 언어 없이는 사유 자체가 존재하지 않는다고 말하였지만, 이것은 철학적 사유의 영역에서 뿐만 아니라 상상력의 영역에서도 동일하게 적용된다. 이미지도 언어의 문제로부터 결코 자유로울 수는 없다. 이것은 언어가 하나의 도구가 아니라 우리 인간 상상력의 근원을 이루는 기초 개념임이기 때문이다. 이미지와 상상력의 절대성을 정립한 바슐라르도 자신의 상상력 연구 초기부터 이 언어의 문제를 염두에 두고 있었다. 그에게 있어서 시적 이미지란 근본적으로 "로고스의 현상(les phénomènes de logos)"이다.(『공간의 시학』) 그렇기 때문에 상상력의 활동도 언어에 기반하고 있고, 언어가 없이는 상상력의 활동은 그 완전한 의미를 가질 수 없다.

그러나 언어와 이미지는 한쪽이 종속되는 개념이 아니라 서로 공존하는 개념들이다. 왜냐하면 이미지가 언어를 대체하는 것이 아니기 때문이다. 즉, 언어로도 될 수 있는 것을 이미지로 표현하는 것이 아니라, 이미지는 사물의 전혀 다른 측면을 표현하는 것이다. 언어와 이미지를 혼동하는 것은 사물의 내면의 가치와 외형을 동일시하는 오해에서 비롯된다. 질베르 뒤랑의 말을 들어보자. "…… 심리학적 현상학은 언제나 기의(signifé)의 실체와 기표(signifiant)의 현상을 단절시켰다. 아주 흔히 정신적 이미지의 역할을 소쉬르 학파가 정의하는 식으로의 언어의 지표들과 혼동하면서 말이다. 상상력의 심리학의 가장 큰 오해는 결국, 헤겔의 후계자들에 있어서나 심지어 베르그송의 후계자들에게 있어서, 연상심리학에 의해 잘못 만들어진 어휘를 통해, 이미지를 말과 혼동한 것이다."(질베르 뒤랑, 『상상력의 인류학적 구조』)

인간의 모든 사유는 언어를 매개로 하여 이루어지기 때문에, 흔히 언어는 사고의 기반이라고 말해진다. 즉, 메를로 퐁티가 말한 것처럼 언어가 없으면 사고도 없는 것이다. 그러나 이미지는 언어에 신행하는 의식 활동의 결과물이다. 이것은 정신적 이미지의 창조성을 생각해 본다면 쉽게 이해할 수 있다. 이미지가 없으면 언어도 없는 것이다. 이미지는 인간의 가장 주관적인 표현 형태이고, 그 주관성 때문에 오랫동안 정당한 평가를 받지 못했지만, 바슐라르는 오히려 그 주관성 때문에 이미지가 언어에 선행한다고 생각한다.

인간 정신활동이 언어로 구체화되기 이전의 단계에서 이미 상상력의 활동은 활발히 이루어진다. 인간의 정신 활동은 대략 다음과 같은 3가지 유형으로 분류할 수 있다. 첫째, 외부의 정보를 수집하는 지각 과정, 둘째 수집된 정보를 가공하여 새로운 가치를 만드는 사고 과정, 셋째 저장된 정보를 되살리는 기억 과정이다. 상상력은 이 3유형에 모두 작용하는 원동력이다. 즉 인간의 정신 활동은 상상력의 매체인 이미지를 통해 지각이나 사고, 또는 기억의 과정을 거친 후 언어로 표현되는 것이다.

이러한 점을 고려해 본다면, 언어와 이미지가 서로 종속 관계가 아니라 생성의 인과 관계, 그리고 차후에는 상호 보완관계를 갖는다는 것을 알 수 있다. 정신적 이미지의 대표적 형태의 하나인 문학 이미지의 경우를 보자. 시적 이미지는 언어의 형태로 표현된 문학 이미지들이다. 시인은 새로운 이미지를 일상 언어로 표현하고, 그 언어를 기반으로 해서 또다시 새로운 이미지를 창조해 낸다. 결국 이미지는 인간 정신활동의 기본적인 요소이고, 인간의 생활양식을 결정짓는 가장 원초적이고도 핵심적인 요소인 것이다.

상상력과 노동

상상력은 매일같이 반복되는 우리의 삶 가운데서 지속적인 창조성을 발휘한다. 우리의 일상적인 삶은 느리지만 지속적인 변화를 하고, 그 안에 상상력의 활동이 끼어든다. 즉, 우리의 일상적인 활동들 속에서 상상력은 상징적 형태로의 변형과 참여의 장을 찾는다. 이 상상력에 의한 창조성의 가장 두드러진 예들 중의 하나는 인간의 노동 활동이다.

전(前)산업주의 문명에서는 생산의 대부분의 형태가 일정 부분의 상징적 내용을 내포하고 있었다. 왜냐하면 일의 세계는 놀이의 세계와 분리할 수 없는 것이고, 놀이의 세계에서 이루어지는 노동은 이미지와 분리되지 않기 때문이다. 이미지는 도구의 상징체계 속에 잠재되어 있고, 노동자의 몽상적 힘에 의해 유지된다. 물질에 대한 자발적 작업이라는 활동을 통하여 이미지는 자연스럽게 자신을 드러내게 되며, 노동자는 자신이 생산하는 물건의 형태와 기능의 이미지들을 통해서 몽상을 하는 것이다. 바슐라르는 물질에 대한 작업이 얼마나 상상계의 원형들을 활성화시키고, 노동자의 내밀한 몽상을 우주의 변경까지 팽창시키는가를 잘 보여주고 있다.

"이 절대 고독의 시간들은 자동적으로 우주의 시간들이다. 몽상의 바닥에 이르기까지 인간을 떠난 인간 존재는 마침내 사물들을 바라보게 되는 것이다. 이렇게 하여 자연으로 되돌아온 인간은 자신의 변형시키는 능력을 되찾게 되고, 자신의 물질적 변형의 기능을 되찾게 된다. 다만 이것은 인간이 타인들과 멀리 떨어진 은퇴 상태 같은 고독에로가 아니라 작업의 힘 자체를 가지고 그 고독으로 찾아 왔을 때의 경우이다. (……) 활동적인 고독의 상태에서 인간은 땅을 파고, 돌을 뚫고, 나무를 자르고자 한다. 그는 물질을 가지고 일을 하고 싶어하고, 물질을 변형시키고 싶어한다. 그러므로 인간은 더 이상 우주 앞에 놓여있는 단순한 철학자가 아니라, 우주에 대항하고 사물들의 실체에 대항하는 지칠 줄 모르는 힘이다."(『대지와 의지의 몽상』)

노동이란 단순한 재화 생산의 의미만을 갖는 것이 아니라, 그 활동 안에서 인간이 존재의 의미를 찾는 장이다. 이때의 노동활동은 작업하는 인간이 활동적인 고독상태에서 이미지를 창조하는 창조의 장이 되는 것이다. 그 결과 실용적인 것이든 아니든, 노동에 의해 생산된 재화들은 어떤 형태로든 상징의 가치를 담게 된다. 사실 과거의 생산품들은 상품가치나 이용 가치에 의해 설명되지 않는 것들이 많다. 그것은 오히려 일종의 미학적 기준에 의해 가치를 갖는 경우가 많고, 어떤 경우에는 이러한 미학적 가치조차 뛰어 넘는 것에 의해 영향을 받는 경우도 있다. 예를 들어 신라 시대의 기마인물형토기 같은 것은 분명히 술잔이라는 목적을 가지고 만들어진 것이다. 그러나 말을 탄 인물상이 보여주듯이 이 토기는 실제로 사용되기 위하여 만들어졌다기보다는 높은 지위에 있었던 죽은 자의 부장품용으로 만들어졌을 가능성이 크다. 즉, 이 기마인물형토기의 가장 큰 의미는 실용성이나 미학적 기준이 아니라, 그것이 담고 있는 상징인 것이다.

그러나 산업시대가 도래하면서 불어 닥친 노동의 내용 변화는, 노동의 이러한 몽상적, 상징적 기반의 퇴화를 가져왔다. 작업양식이 추상화되고, 자신이 하는 일의 직접적인 결과를 보지 못하게 된 현대인들은 갈수록 사회적으로 소외되고, 심한 경우 육체적 파괴에까지 이르게 된다. 산업 시대의 노동은 획일화된 일에 치여 사는 익명의 존재들을 만들어 냈을 뿐만 아니라, 상상력에 있어서 빈혈에 걸린 인류를 태어나게 했다. 근대적 생산주의자들은 일하는 시간과 놀이의 시간을 명확하게 구분함으로써, 더욱 더 높은 생산성을 얻을 수 있다는 것을 강조함으로써 일과 놀이 사이에 회복할 수 없는 골을 만들어 냈다. 예전에는 일과 분리해서 생각할 수 없었던 의식(儀式)들과 축제들은 갈수록 맥이 빠지고, 계속해서 주변화 되는 방향으로 치닫게 된다. 그 결과 노동은 갈수록 비생산적이고 정당한 평가를 받지 못하는 공간과 시간 속에 갇히게 되었다. 프로메테우스적이며 부르주아적인 이데올로기들은 이렇게 우리의 삶에서 상상력을 몰아내고, 흥겨운 노동의 성격을 퇴색시켰다. 이러한 노동의 장에 미학이 끼어들 틈이 없다는 것은 당연한 일이다. 이제 놀이의 장은 생산의 세계 외부에서만, 즉 노동을 하지 않는 시간에만 용납된다. 그러나 그 시간조차도 갈수록 축소되어가고 있다.

이렇게 노동이 활력을 빼앗긴 단조로움 속에 스스로 빠져들어감에 따라, 현대인은 사회적 존재로서 어려움에 직면하게 된다. 현대인들은 상상력의 기능쇠약으로 인하여 정신적인 영양실조와 감정상의 발육 부진에 빠져 있는 것이다. 이제 현대인은 자발적인 상상력의 활동에 의한 자신의 이미지를 만들어내기보다는, 외부에서 주어진 인공적인 이미지들을 받아들이는 데 익숙하다. 노동의 시간에 몽상의 활동을 박탈당한 현대인들은 상상력의 발휘를 어려워하면서 손쉽게 주어지는 외부의 이미지들에 열광하는 것이다. 그 결과 현대인들에게는 이미지의 테크니션들— 광고 제작자나 시나리오 작가들— 에 의해 시리즈로 만들진 이미지들을 수동적으로 소비하기 위한 자리만이 남아 있을 뿐이다. 이제 개인이나 집단의 창조성은 대리인에 의해 수행된다. 즉, 이미지의 존재론적 가치에는 관심이 없는 소수가, 우리의 삶에 필수 불가결한 상업적, 정치적, 기술적 이미지들뿐만 아니라, 개인의 감정적 삶의 이미지들까지도 만들어 내는 것이다. 이러한 인공적인 이미지들은 현대인들에게 거부감 없이 받아들여지게 되는데, 왜냐하면 이러한 인공 이미지들은 무엇보다도 소비자들의 수용 가능성 여부를 최우선의 관심사로 하는 철저한 계산 하에 제작된 것들이기 때문이다. 그 결과 현대인의 사회적 삶은 비현실적인 환상으로 이루어진 삶으로 거부감 없이 대치된다. 삶의 양식과 취향이 동일한 사람들로 가득 차 있는 현 상황은, 육체에서부터 정신에 이르기까지 물질적, 상징적 창조의 개인적 특권이 아닌 공허함만이 가득 차있는 인류를 만들어 낸다. 이미지, 상상력과 분리된 노동의 세계에 살고 있는 현대인들은 갈수록 닫혀 있고 의미 없는 기호의 체계에 귀속되게 된다. 즉, 현대를 살아가는 우리들의 존재는 시간이 갈수록 상징적 차원에서 비워져 가는 것이다.

현대 사회에서 갈수록 감성적인 부분이 사라져 가고, 개인들은 분별없이 육체적 자극에만 중독되어 가는ㅡ그럼으로써 갈수록 타율적 인간이 되어 가는ㅡ지금의 현상은 결국 활발해야 할 상상력의 퇴화와 창조적 이미지의 화석화에 의한 것이다. 그러므로 만일 우리가 현대의 이미지 사회에 대한 정확한 이해를 갖추지 못한다면, 우리의 미래에 대한 장밋빛 전망들은 결국 환상에 지나지 않게 될 것이다.

현대 이미지 사회의 문제점

　이미지는 인류의 등장 이래 원시사회부터 의사소통의 도구였다. 그러나 언어와 문자의 등장 이래로 의사소통 도구로서의 이미지의 역할은 언어나 문자의 보조수단으로 인식되어 왔던 것도 사실이다. 즉, 20세기 이전의 이미지에 대한 개념은 회화나 장식 등 주로 개인적 창조의 차원에서 고려되었고, 그 목적도 한정된 범위의 사람들에 의한 소비를 대상으로 하는 것이었다. 서구의 예를 보면 중세 또는 르네상스기의 이미지의 주된 역할은 메시지의 주 전달수단인 문자의 이해를 돕는 보조수단으로서 이해되었고, 이러한 사정은 20세기 초반까지의 문자문화에 있어서 근본적으로 변하지 않았다.

　그러나 오늘날 현대 사회의 일상생활 속에 넘쳐나는 이머지들은 이제 개인적 의사소통의 수준을 넘어선, 사회적 메시지 전달의 도구가 되었다. 이미지는 우리 생활의 도처에 존재하고 있으며, 우리가 원하든 원하지 않든 간에 우리 생활의 일부를 이루고 있다. 예를 들어 이미 1950년대부터 『라이프』지 같이 이미지를 정보 전달의 주 수단으로 삼는 대중매체가 등장했으며, TV나 신문 광고를 보면 대사나 카피라이트보다는 이미지로 소비자의 눈을 끄는 것이 요즈음의 추세이다.

현대 사회에 들어서면서, 과학 기술의 발달과 더불어 폭발적인 양적 팽창을 이루게 된 이미지는 이제 의사전달의 보조 수단이라는 기존의 지위에서 벗어나 새로운 문화의 원천으로서 각광받고 있다. 요즘같이 과학기술의 대중화가 실현된 현대문명에서는 일상생활 속에 파고든 이미지의 역할을 간과할 수 없다. 예를 들어 현대 테크놀로지 문명의 대중화에 이미지가 기여한 역할은 결정적이다. 이미지는 이전까지는 소수에게만 속해 있던 과학기술이 사용자의 거부감을 불러일으키지 않으면서 대중들의 생활 속에 일반화되는 데 있어서 결정적인 매개체 역할을 하고 있다. 가장 비근한 예로 이제는 대부분의 사람들에게 일상생활에서 빼놓을 수 없는 도구가 된 개인용 컴퓨터와 인터넷을 들 수 있을 것이다.

현대 사회를 이전의 사회와 차별화시키는 가장 큰 변화들 중의 하나로 컴퓨터의 발달과 이의 대중적 사용을 들 수 있다. 인류의 역사에 비해 볼 때 순간에 지나지 않는 50여 년의 역사를 가지고 있을 뿐이지만, 오늘날 컴퓨터의 역할은 분명히 현대 사회를 이전의 사회와 구분 짓게 하는 혁명적인 요소이다. 그러나 오늘날 우리가 말하고 있는 컴퓨터 문명 — 구체적으로는 PC 문명 — 은 컴퓨터의 발전 과정과는 다른 원인에 의해 이루어졌다. 컴퓨터에 의한 사무처리가 본격적으로 이루어지게 된 것은 1970년대에 들어서였고, 개인용 컴퓨터가 개발되어 보급되기 시작한 것은 1980년대 초였다. 그러나 이때까지는 컴퓨터란, 소수의 전문가들에게만 속한 전문가 문화였을 뿐이다. 오늘날과 같이 모든 사람이 개인용 컴퓨터의 이용을 생활화하는 문화가 도래한 것은 1990년대의 윈도우즈(Windows)의 등장 이후이다. 다시 말해 현대의 개인용 컴퓨터의 대중화는 GUI(Graphic User Interface)를 채택한 운영체제인 윈도우즈의 보급과 함께 시작되었다고 할 수 있다. 모든 컴퓨터의 조작을 아이콘과 이미지로 처리하는 윈도우즈의 접근 방식은 그때까지의 도스(DOS) 기반의 텍스트 모드로 인해 컴퓨터에로의 접근을 어렵게 여기던 일반인들을 사용자층으로 끌어 들였다.

인터넷의 대중화 역시 GUI를 기반으로 한 월드 와이드 웹(WWW, World Wide Web)의 개발에 의해 가능해졌다. 1960년대 말에 미국에서 군사적 목적으로 개발된 인터넷 망은 그 혁명적인 기능에도 불구하고 1990년대 중반에 이르기까지는 극소수의 전유물이었을 뿐이다. 월드 와이드 웹의 개발은 그 이전까지의 전산 명령어 기반의 인터넷 운영을 이미지 기반의 GUI로 전환시킬 수 있는 발판을 만들었고, 그 결과로 개발된

넷스케이프사의 모질라로 시작된 웹 브라우저는 인터넷 사용자의 폭발적인 증가를 가져왔다. 이와 같이 현대 사회의 이미지는 과거 소수에게만 개방되었던 과학 기술을 대중들이 쉽게 접근할 수 있도록 함으로써 기술의 차원을 넘어 새로운 문화를 창조하는데 있어 결정적인 요소가 된다. 또 역으로 과학의 발달은 새로운 이미지의 창조를 촉발시킴으로써 현대의 이미지 사회는 가히 폭발적인 팽창을 하고 있다.

이러한 현대 이미지 사회의 특징 중의 하나는 이미지 생산자와 소비자가 뚜렷이 구별된다는 것이다. 과거의 개인적 생산의 차원에서 이루어지던 이미지의 생산은 예술이라는 이름으로 소수 문화의 한 부분으로 고착되어 가고, 대신 대중들이 향유하는 일상생활 속의 이미지들은 소수에 의해 대량 생산 시스템 속에서 대량으로 양산되고 있다. 이미지 생산과 소비의 역할 분담이 이루어진 것이다. 그 결과 현대인의 복잡한 생활은 이미지 생산과 일이 분리되는 것을 당연한 것으로 받아들인다. 예를 들어 영화, 비디오 산업이라는 말이 암시하듯이 이미지는 레저 상품이라는 인식이 현대인들의 의식구조에 자리 잡고 있다. 이러한 이미지들은 대부분이 일시적인 효과만을 노린 생명이 짧은 이미지들이지만 현대인들은 오히려 그러한 것을 선호하는 경향이 있다.

한편으로 컴퓨터와 같은 이미지 가공을 가능하게 하는 기술의 대중화로 인해 현대인은 항상 새로운 이미지들의 출현에 대해 익숙해져 있고, 더 나아가 새로운 이미지의 창출이 자신의 능력 안에 있다고 생각한다. 이미지 소비자의 이미지 생산자와의 동일시 현상이 일어나는 것이다. 그러나 이러한 현상은 이미지의 창조적 생명력을 고려하지 않은 착각이다. 이러한 현상은 새로운 이미지의 창조에 동참하는 것이 아니라, 새로운 표현 형식의 무조건적인 수용에 가깝다. 이미지 창조의 기술적 과정에 대해서 지식을 가지고 있다는 것이 그 창조된 이미지의 생명력을 공유한다는 것을 뜻하는 것은 결코 아니다. 오히려 이러한 무조건적인 수용은 한 문화 현상의 수용에 필수적으로 동반되어야 하는 비판적 의식이 결여되어 있다는 점에서 심각성이 있다. 그 결과 현대인은 갈수록 이미지에 대한 비판의식이 결여되어 가는 사회에 살고 있는 것이다.

오늘날의 현대인들은, 길거리에 넘치는 이미지들과는 달리 각 개인의 삶은 빈곤한 이미지 내지는 허약한 상상력에 시달리면서, 개인적 창의성만을 의도적으로 강요하는 사회에 살고 있는 것이 현실이다. 이러한 이미지의 이론적, 이데올로기적 지위 상승과, 수많은 미디어들에 의해 만들어지고 배포되고 재생산되는 이미지들의 범람을 단지 현대 문명의 자연스러운 특성이라고 치부하고 넘어가기에는 석연치 않은 부분이 많다.

왜냐하면 오늘날 우리 주변에서 범람하는 이미지들은 보편적 인류학의 상징적 유산이라기보다는, 인간의 욕망에 대한 환상들을 직접적으로 반영하는 빈약한 이미지의 형태를 띤 경우가 대부분이기 때문이다.

이러한 이미지들은 인간의 말초신경을 자극하여 자신이 원하는 메시지를 주입하는 데 그 일차적 목적을 두고 있다. 그렇기 때문에 이러한 이미지들은 갈수록 자극적이고 저급한 형태를 띠는 경향이 있다. 그 결과 우리는 이미지에 대한 새로운 위기의식에 봉착해 있다. 즉, 이미지의 포식 상태에 있는 우리 현대인들은 과연 그 이미지들로부터 새로운 이미지들을 만들어 내기 위해서 언제든 그것들을 새롭게 받아들이고 동화시키고 변형시킬 수 있는 능력이 있는 것인가 하는 문제에 마주하고 있는 것이다.

현대 과학기술의 발달은 이미지의 대중적 확산을 가능하게 함으로써 인류의 역사상 오랫동안 억압당해 왔던 이미지의 힘을 재발견하게 해주었다. 그러나 현대사회는 단순한 이미지의 복권 차원을 넘어서 이미지의 범람이라는 새로운 문제에 직면하게 되었다. 이미지가 도처에서 범람하는 오늘날의 현대사회가 비디오시대 내지는 비주얼시대임을 부인할 수 없다. 이제 현대사회는 모든 정보 전달과 가치 판단이 시각적 이미지를 중심으로 이루어지는 문화이다. 비디오문화는 이 사회를 정의하는 새로운 패러다임으로서 신속하게 자리 잡았다.

이러한 비디오문화 시대에서의 이미지의 역할은 다음과 같이 정리할 수 있을 것이다. 첫째는 정보전달자로서의 이미지이다. 이미지는 더 이상 텍스트를 기반으로 한 정보전달의 보조수단이 아니라 그 자체로서 정보전달의 주체이다. 현대사회는 텍스트 기반의 사회로부터 이미지 기반의 사회(iconosphère)로의 급격한 전환을 이루었다. 두 번째는 가치전달자로서의 이미지이다. 이미지 기반 사회에서는 정치인의 이미지 관리라든가, 이모티콘 사용의 증가 등 이미지를 중심으로 한 새로운 가치관과 행동양식이 형성된다. 세 번째는 문명 창조자로서의 이미지이다. 이미지 사회는 개인용 컴퓨터의 생활화처럼 이미지에 기반을 둔 새로운 문명의 발달을 가능하게 한다. 마지막으로는 폭력으로서의 이미지가 있다. 산업 사회 발달로 인한 노동의 놀이와의 분리, 그리고 수요와 공급의 논리를 따르는 이미지의 창조는 특정한 소수에게 이미지를 통한 대중조작을 가능하게 한다.

이러한 비디오문화의 확산은 인식의 과정에서 정보의 전달이 총체적으로 이루어진다는 시각적 이미지의 특성에 기인한다. 현대 비디오문화의 가장 큰 부분을 차지하고 있는 시각적 이미지에 의한 정보전달은 신속하고, 총체적이며 일방적이다. 자신이 보기 싫다고 이미지의 일부만을 볼 수는 없기 때문이다. 이러한 비디오문화는 많은 장점에도 불구하고 또한 많은 부작용을 야기시키는데, 비디오문화의 부작용은 생각보다 심각하다. 우선 시각적 이미지만이 강조된 감각적 이미지들의 전달로만 이루어지는 비디오문화는 소비자를 수동적으로 만들어 결국 개인의 창조적 상상력을 마비시키게 된다. 이미지를 소비하는 소비자들은 자신의 의지와는 상관없이 이미지 제작자의 의도된 방향으로 끌려가는 것이다. 소비자들은 이미지들을 통해 자신의 창조적 상상력을 발휘한다고 생각하지만, 대개의 경우 자신이 늘 접하고 있던 이미지들이 무의식 속에

저장되었다 나오는 재현적 차원일 뿐이다.

또한 시각적 이미지 중심의 비디오문화는 수동적 소비자들의 가치 판단을 마비시키게 된다. 예를 들어 TV 광고의 경우 일상생활에서 매일 반복되는 동일한 이미지를 통하여 소비자들의 가치 판단을 마비시킨다. 소비자는 자신이 정작 필요한 상품을 선택하고자 할 때 가장 먼저 떠오르는 이미지로 구성된 상품을 선택하게 되는 것이다. 광고를 통해 시각적 이미지로 저장되어 있던 정보는 그 신속함으로 인해 가치 판단의 시간을 주지 않는다. 가치 판단이란 순수하게 개인적인 판단의 문제로서 다루어져야 하는데, 그렇게 훈련을 받지 못한 소비자들은 결국은 이미지 제작자들의 의도에 이끌리게 된다. 소비자들은 똑같은 관심, 똑같은 식욕을 갖추게 되고, 의식 없는 집단을 형성하게 된다. 그 결과 현대의 대중은 '이미지의 폭력'에 무방비 상태로 노출되어 있다.

더욱 심각한 것은 창조적 상상력의 능력을 상실하고, 일상생활 속의 싸구려 이미지들의 수동적 소비자가 된 현대인들은 단지 미학적 판단 기준을 상실한 것에 그치는 것이 아니라, 일상생활의 모든 선과 악, 기쁨과 슬픔의 감각 자체가 마비되고 있다는 사실이다. 미디어에서 매일같이 쏟아지는 자극적인 이미지들은 수용자들로 하여금 그 이미지들이 전달하는 가치들에 대해 무감각하게 만들어 버린다.

뒤랑의 표현처럼 이제 우리는 모든 이미지들을 똑같은 '죽은 눈'으로 바라보는 것이다.

"소말리아에서 굶주림으로 죽어가는 어린아이들이나, 보스니아 전쟁의 '인종 청소', 또는 십자가를 지고 몽마르트르 성당의 계단을 기어 올라가는 파리 대주교의 모습을 보는 것은 똑같은 '죽은 눈'이다. 이러한 상상적 창조성의 마비와, 방관자적 무관심 속에서 이루어지는 가치들의 평준화는 더욱 더 강화되어 가고 있다."(질베르 뒤랑, 『상상계』)

인간은 상상력의 소산인 이미지들 속에 파묻혀 살고 있지만, 이러한 이미지들로 인해 상상력의 발현이 가로막히는 역설에 처해 있는 것이다. 이러한 상황에서 이미지와 상상력에 대한 연구는 더 이상 예술의 미학적 차원의 문제가 아니라 인간의 진정한 생존의 문제가 되는 것이다.

이러한 부정적 비디오문화의 원인은 무엇보다도 현대의 이미지들의 생산과 배포가 익명성에 기초하고 있기 때문이다. 즉, 현대의 이미지들은 종교적, 정치적 책임을 지는 권위로부터 벗어나게 됨으로써 모든 종류의 간섭으로부터 벗어나 있다. 과거의 이미지들이 왕실의 화가나 종교 화가들에 의해 제작되어 그 제작자에 의한 책임이 명확했던 반면에, 현대의 과학기술의 발달은 이미지 제작과정의 협동작업과 익명성을 가능하게 했다. 자연히 이미지가 가지고 있던 윤리적 책임의 부분은 사라지게 되고 이미지 제작의 효율성만이 남게 된 것이다. 이로 인해 정체를 알 수 없는 이미지의 생산자들에 의한 윤리의 조작, 정보의 차단이 가능하게 된다.

그 결과 현대 사회에서는 갈수록 윤리, 정치, 행정에 있어서의 전통적 권력들이 은밀하게 미디어에 의한 이미지 배포에 의존하고 있다. 정치적 대중 조작의 차원에서 볼 때 이미지야말로 가장 효과적인 수단이기 때문이다. 그리하여 전통적 권력은 더욱 더 이미지 관리에 힘쓰게 되고, 아이러니하게도 권력 자체가 이미지를 제작하는 익명의 존재에게 맡겨지게 된다. 즉, 사회를 구성하는 힘이 통제가 불가능한 이미지 제작자들의 수중에 들어가는 것이다. 결국 현대 사회에서는 상상력의 도구이자 결과인 이미지가 역으로 상상력을 질식시키는 결과를 낳고 있다. 정보의 전달을 효율적으로 하기 위한 이미지가 집단의 가치를 균등화시키는 위험한 결과를 초래하고 있는 것이다.

이러한 비디오문화의 문제점들에 대한 현대인의 노력은 다각적으로 이루어질 수 있지만 무엇보다도 시급한 것은 건강한 이미지의 위상을 되찾는 일일 것이다. 그렇기 위해서는 지금과 같은 시각적 이미지 일변도의 이미지 문명이 아닌, 정신적 이미지의 가치가 우선되는 이미지 문명이 이루어져야 할 것이다. 즉, 기능쇠약에 걸린 이미지들을 다시 태어나게 해야만 한다. 다행히 이미지의 기능쇠약은 이미지의 소멸을 뜻하는 것은 아니다. 결국 문제는 이미지들의 어떠한 양과 질이 우리의 지배적인 문화를 생산해 내는가를 아는 것이 아니라, 더 깊은 차원에서, 우리가 이미지를 과연 진정한 창조적 상상력의 발현으로 활성화시킬 수 있는가에 달려 있다.

바슐라르의 필적.

바로 이것이 가스통 바슐라르가 상상력 연구를 통하여 우리에게 전달하고자 하는 메시지의 현대적 의미이다.

참고문헌

Daniel Giroux, *Témoins de Gaston Bachelard*, Association des Amis de Gaston Bachelard, Bar-sur-Aube, 1985.

G. Bachelard, *La Psychanalyse du feu*, Paris, Gallimard, 1938.

_____, *L'eau et les rêves,* Paris, José Corti, 1942.

_____, *L'air et les songes,* Paris, José Corti, 1943.

_____, *La terre et les rêveries de la volonté,* Paris, José Corti, 1947.

_____, *La terre et les rêveries du repos*, Paris, José Corti, 1947.

_____, *La Poétique de l'espace,* Paris, PUF, 1957.

_____, *La Poétique de la rêverie,* Paris, PUF, 1960.

_____, *La flamme d'une chandelle*, Paris, PUF, 1961.

_____, *Fragments d'une poétique du feu*, Paris, PUF, 1988.

G. Durand, *Les Structures anthropologiques de l'imaginaire, Introduction à l'archétypologie générale*(1960), Dunod, 1993.

_____, *L'Imagination symbolique*, Paris, PUF, 1964.

_____, *L'Imaginaire,* Paris, Hatier, 1994.

G. Holton, *L'Imagination scientifique*, Gallimard, 1982.

G. Poulet, *La conscience critique,* Paris, José Corti, 1971.

Jacques Aumont, *L'image*, Paris, Nathan, 1990.

Joël Thomas, *Introduction aux méthodologies de l'imaginaire*, Paris, Ellipses, 1998.

J.-J. Wunenberger, *L'Imagination*, Paris, PUF, 1991.

_____, *La Raison contradictoire, sciences et philosophie modernes: la pensée du complexe*, Paris, Albin Michel, 1990.

_____, *Philosophie des images*, Paris, PUF, 1997.

_____, *L'Imaginaire,* Paris, PUF, 2003.

J-P. Sartre, *L'Imagination*, Paris, Alcan, 1936.

_____, *L'Imaginaire*, Paris, Gallimard, 1940.

곽광수, 『가스통 바슐라르』, 민음사, 1995.

곽광수·김현, 『바슐라르 연구』, 민음사, 1976.

다니엘 부어스틴, 정태철 옮김, 『이미지와 환상』, 사계절, 2004.

뤼시엥 보이아, 김웅권 옮김, 『상상력의 세계사』, 동문선, 2000.

바슐라르, 이가림 옮김, 『물과 꿈 : 물질적 상상력에 관한 시론』, 문예출판사, 1980.

_____, 정영란 옮김, 『공기와 꿈 : 운동에 관한 상상력 연구』, 민음사, 1995.

_____, 정영란 옮김, 『대지 그리고 휴식의 몽상』, 문학동네, 2002.

_____, 곽광수 옮김, 『공간의 시학』, 민음사, 1990.

유평근·진형준, 『이미지』, 살림, 2001.

이지훈, 『예술과 연금술』, 창비, 2004.

장경렬·진형준·정재서 편역, 『상상력이란 무엇인가』, 살림, 1997.

정재서, 『도교와 문학 그리고 상상력』, 푸른숲, 2000.

진형준, 『상상적인 것의 인간학』, 문학과 지성사, 1992.

질베르 뒤랑, 유평근 옮김, 『신화비평과 신화분석』, 살림, 1998.

프랑스엔 〈크세주〉, 일본엔 〈이와나미 문고〉, 한국에는 〈살림지식총서〉가 있습니다.

📖 전자책 | 🔍 큰글자 | 🔊 오디오북

상상력과 가스통 바슐라르

펴낸날	초판 1쇄 2005년 6월 10일
	초판 7쇄 2021년 6월 30일

지은이	홍명희
펴낸이	심만수
펴낸곳	(주)살림출판사
출판등록	1989년 11월 1일 제9-210호

주소	경기도 파주시 광인사길 30
전화	031-955-1350 팩스 031-624-1356
홈페이지	http://www.sallimbooks.com
이메일	book@sallimbooks.com

ISBN	978-89-522-0376-2 04080
ISBN	978-89-522-0096-9 04080(세트)

※ 값은 뒤표지에 있습니다.
※ 잘못 만들어진 책은 구입하신 서점에서 바꾸어 드립니다.

026 미셸 푸코

eBook

양운덕(고려대 철학연구소 연구교수)

더 이상 우리에게 낯설지 않지만, 그렇다고 손쉽게 다가가기엔 부담스러운 푸코라는 철학자를 '권력'이라는 열쇠를 가지고 우리에게 열어 보여 주는 책. 권력은 어떻게 작용하는가에서 논의를 시작하여 관계망 속에서의 권력과 창조적 · 생산적 · 긍정적인 힘으로서의 권력을 이야기해 준다.

027 포스트모더니즘에 대한 성찰

eBook

신승환(가톨릭대 철학과 교수)

포스트모더니즘의 역사와 논의를 차분히 성찰하고, 더 나아가 서구의 근대를 수용하고 변용시킨 우리의 탈근대가 어떠한 맥락에서 이해되는지를 밝힌 책. 저자는 오늘날 포스트모더니즘으로 대변되는 탈근대적 문화와 철학운동은 보편주의와 중심주의, 전체주의와 이성 중심주의에 대한 거부이며, 지금은 이 유행성의 뿌리를 성찰해 볼 때라고 주장한다.

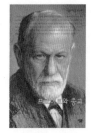

202 프로이트와 종교

eBook

권수영(연세대 기독상담센터 소장)

프로이트는 20세기를 대표할 만한 사상가이지만, 여전히 적지 않은 논란과 의심의 눈초리를 받고 있다. 게다가 신에 대한 믿음을 빼앗아버렸다며 종교인들은 프로이트를 용서하지 않을 기세이다. 기독교 신학자인 저자는 이 책을 통해 종교인들에게 프로이트가 여전히 유효하며, 그를 통하여 신앙이 더 건강해질 수 있다는 점을 보여 주려 한다.

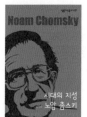

427 시대의 지성 노암 촘스키

eBook

임기대(배재대 연구교수)

저자는 노암 촘스키를 평가함에 있어 언어학자와 진보 지식인 중 어느 한 쪽의 면모만을 따로 떼어 이야기하는 것은 불합리하다고 말한다. 이 책에서는 촘스키의 가장 핵심적인 언어이론과 그의 정치비평 중 주목할 만한 대목들이 함께 논의된다. 저자는 촘스키 이론과 사상의 본질에 다가가기 위한 이러한 시도가 나아가 서구 사상을 받아들이는 우리의 자세와도 연결된다고 믿고 있다.

024 이 땅에서 우리말로 철학하기

이기상(한국외대 철학과 교수)

우리말을 가지고 우리의 사유를 펼치고 있는 이기상 교수의 새로운 사유 제안서. 일상과 학문, 실천과 이론이 분리되어 있는 '궁핍의 시대'에 사는 우리에게 생활세계를 서양학문의 식민지화로부터 해방시키고, 서양이론의 중독으로부터 벗어나야 한다고 역설한다. 저자는 인간 중심에서 생명 중심으로의 변환과 관계론적인 세계관을 담고 있는 '사이 존재'를 제안한다.

025 중세는 정말 암흑기였나   eBook

이경재(백석대 기독교철학과 교수)

중세에 대한 친절한 입문서. 신과 인간에 대한 중세인의 의식을 다루고 있는 이 책은 어떻게 중세가 암흑시대라는 일반적인 인식을 가지게 되었는지에 대한 물음을 추적한다. 중세는 비합리적인 세계인가, 중세인의 신앙과 이성은 어떠한 관계를 갖고 있는가 등에 대한 논의를 하고 있다.

065 중국적 사유의 원형   eBook

박정근(한국외대 철학과 교수)

중국 사상의 두 뿌리인 『주역』과 『중용』을 철학적 관점에서 접근한다. '산다는 것은 무엇인가?'라는 근원적 질문으로부터 자생한 큰 흐름이 유가와 도가인데, 이 두 사유의 흐름을 거슬러 올라가다 보면 그 둘이 하나로 합쳐지는 원류를 만나게 된다. 저자는 『주역』과 『중용』에 담겨 있는 지혜야말로 중국인의 사유세계를 지배하는 원류라고 말한다.

076 피에르 부르디외와 한국사회   eBook

홍성민(동아대 정치외교학과 교수)

부르디외의 삶과 저작들을 통해 그의 사상을 쉽게 소개해 주고 이를 통해 한국사회의 변화를 호소하는 책. 저자는 부르디외가 인간의 행동이 엄격한 합리성과 계산을 근거로 행해지기보다는 일정한 기억과 습관, 그리고 사회적 전통에 영향을 받는다는 사실로부터 시작한다는 점을 강조한다.

096 철학으로 보는 문화　eBook

신응철(숭실대 인문과학연구소 연구교수)

문화와 문화철학 연구에 관심 있는 사람을 위한 길라잡이로 구상된 책. 비교적 최근에 분과학문으로 등장하기 시작한 문화철학의 논의에 반드시 들어가야 할 요소를 선택하여 제시하고, 그 핵심 내용을 제공한다. 칸트, 카시러, 반 퍼슨, 에드워드 홀, 에드워드 사이드, 새무얼 헌팅턴, 수전 손택 등의 철학자들의 문화론이 소개된다.

097 장 폴 사르트르　eBook

변광배(프랑스인문학연구모임 '시지프' 대표)

'타자'는 현대 사상에 있어 가장 중요한 개념 중 하나이다. 근대가 '자아'에 주목했다면 현대, 즉 탈근대는 '자아'의 소멸 혹은 자아의 허구성을 발견함으로써 오히려 '타자'에 관심을 갖게 되었다. 그리고 타자이론의 중심에는 사르트르가 있다. 사르트르의 시선과 타자론을 중점적으로 소개한 책.

135 주역과 운명　eBook

심의용(숭실대 강사)

주역에 대한 해설을 통해 사람들의 우환과 근심, 삶과 운명에 대한 우리의 자세를 말해 주는 책. 저자는 난해한 철학적 분석이나 독해의 문제로 우리를 데리고 가는 것이 아니라 공자, 백이, 안연, 자로, 한신 등 중국의 여러 사상가들의 사례를 통해 우리네 삶을 반추하는 방식을 취한다.

450 희망이 된 인문학　eBook

김호연(한양대 기초·융합교육원 교수)

삶 속에서 배우는 앎이야말로 인간의 운명을 바꿀 수 있는 기회를 준다. 그래서 삶이 곧 앎이고, 앎이 곧 삶이 되는 공부를 하는 것이 무엇보다 중요하다. 저자는 인문학이야말로 앎과 삶이 결합된 공부를 도울 수 있고, 모든 이들이 이 공부를 할 수 있어야 한다고 믿는다. 특히 '관계와 소통'에 초점을 맞춘 인문학의 실용적 가치, '인문학교'를 통한 실제 실천사례가 눈길을 끈다.

eBook 표시가 되어있는 도서는 전자책으로 구매가 가능합니다.

㈜살림출판사
www.sallimbooks.com
주소 경기도 파주시 문발동 522-1 | 전화 031-955-1350 | 팩스 031-955-1355